«Avant que je t'eusse formé dans le ventre de ta mère, je te connaissais, et avant que tu fusses sorti de son sein, je t'avais consacré…» (Je1,5)

«Quand je n'étais qu'une masse informe, tes yeux me voyaient ; et sur ton livre étaient tous inscrits les jours qui m'étaient destinés avant qu'aucun d'eux n'existât.» (Ps139,16)

Victoire M. Zadi

Divorcée pour Sa Gloire !

J'aime le Seigneur, je me suis mariée dans Sa volonté parfaite et...

JE DIVORCE !

Victoire M. Zadi
Divorcée pour Sa Gloire !
Autoédition

Mise en page : François Messier

ISBN 978-2-9820970-0-1 (version papier)
ISBN 978-2-9820970-1-8 (version ePub)

© Victoire M. Zadi

Dépôt légal
Bibliothèque et Archives nationales du Québec, 2022
Bibliothèque et Archives Canada, 2022

Tous droits de reproduction et d'adaptation réservés. Toute reproduction ou diffusion en tout ou en partie de ce livre par quelque procédé que ce soit, et notamment par photocopie ou téléchargement, est interdite sans l'autorisation écrite de l'auteur ou de l'éditeur.

Imprimé au Canada

À Papa Almighty God, pour Sa Fidélité, Sa Loyauté et Sa Bonté infinies envers moi durant toutes ces années,

À mon feu-père, ce héros jamais décoré pour son rôle extraordinaire dans ma vie : ***Merci*** *d'avoir été ce* ***père responsable****,*

À mes enfants, Yohan, Joshua, Elisha et Lenah, ces vases en or, ces précieuses vies éternelles que le Seigneur m'a confiées,

Au père Jean Mazenod, mon 1er conseiller spirituel et mentor dans la foi,

Au prophète Samuel Tatheu et son épouse Clarisse Ariane Tatheu, mes parents au-delà du spirituel,

Aux pasteurs Jonathan et Anne Bersot, pour leur bienveillante assistance dans la tourmente,

À ma famille, mes amis et connaissances, particulièrement mes sœurs Christelle et Chantal, mon grand-frère Jean-Luc Djigo et sa famille pour leur soutien indéfectible,

À Christa Harlène, cette sœur que le Seigneur m'a donnée ici, au Canada,

Aux hommes et femmes de Dieu pour leurs prières et leur temps,

À tous ces anges que le Seigneur a mis sur ma route pour nous soutenir, les enfants et moi, durant ces durs moments,

À tous, un seul mot : MERCI !

Table des matières

Avant-Propos

Divorcée pour Sa Gloire ! Je le sais, ce titre peut paraître antinomique de prime abord. Mais, rassurez-vous, il est loin d'être une hérésie. Il m'a été inspiré par le Maître Lui-même. En allant jusqu'au bout de la lecture ce livre vous comprendrez pourquoi il est possible de divorcer pour SA Gloire.

D'entrée de jeu, je le dis tout net : ce livre n'a pas pour essence ni pour objectif de faire l'apologie du divorce... Il est encore moins une incitation à y recourir. Absolument pas ! J'aurais pu tout aussi bien l'intituler, en paraphrasant le président Georges Bush père : «*Je suis chrétienne, amoureuse du Seigneur Jésus... et je divorce !*»

Ce livre n'est pas non plus une occasion pour me justifier et vous rallier à ma cause.

Je dois reconnaître tout de même qu'aux premières heures du naufrage de mon mariage, j'avais effectivement besoin de me faire entendre et surtout, je voulais que l'on me comprenne... Et personne ne me comprenait... Enfin, presque personne.

Le besoin de parler, de crier haut et fort ce que je m'étais évertuée à couvrir, durant huit ans, était tel que je n'arrivais pas à me taire, je ne voulais pas me taire...

Alors, je passais mes journées entières au téléphone à expliquer à qui voulait bien m'écouter, à me justifier encore et encore... jusqu'à en perdre la voix, au propre comme au figuré ! Eh oui ! J'en étais devenue littéralement aphone pendant deux semaines. Puis, j'ai fini par comprendre et admettre, des mois plus tard, que peu importe qu'on me comprenne ou non, l'essentiel était que ma conscience, la voix de «*Celui qui convainc de péché et de jugement*» en moi (Jn 16, 8), c'est-à-dire la voix du Saint-Esprit, elle, ne me condamnait pas. Et depuis lors, je me sens mieux. Alors non, ce livre n'est pas un prétexte ni un cadre de justification.

Cette mise au point faite, je voudrais vous expliquer maintenant pourquoi le Saint-Esprit m'a pressée d'écrire ce livre. Et pour cela, Il m'a fait replonger dans la cérémonie de mon mariage, ce 16 avril 2005. Il me renvoie à cette anecdote que je vais vous raconter maintenant. Et vous comprendrez un peu plus loin dans la lecture pourquoi ce souvenir... précisément.

Ce jour-là, après la bénédiction nuptiale, la fête bat son plein. Le pasteur A., le maître de cérémonie, demande aux mariés d'entretenir leurs invités. Je décide alors d'interpréter l'une de mes chansons favorites, ma déclaration d'amour au Seigneur : «*Je veux chanter un chant d'amour*» de Sylvain Freymond. Alors, je fais un petit discours introductif dans lequel je rends hommage au Seigneur pour Sa Fidélité, pour avoir rendu ce rêve de mariage possible, surtout en ayant choisi, Lui-même, le compagnon de route qu'il me fallait : l'homme selon Son cœur. Quoi de plus normal que de Lui rendre hommage publiquement à cette occasion, n'est-ce pas? Eh bien! Curieusement, mon cher mari s'en est offensé. Il me l'a fait savoir par un subtil et bref signe de désapprobation que je n'ai évidemment pas pris au sérieux. Cela ne pouvait pas être sérieux, n'est-ce pas? Alors, lorsque j'arrive au refrain «dans tes bras d'amour...» et que je prends mon époux dans les bras pour illustrer les paroles du chant, il se montre réticent. Dans l'euphorie du moment, j'ignore sciemment son geste. J'insiste, et nous finissons par danser ensemble sous les applaudissements des invités. Plus tard, dans l'intimité, il me reprochera le fait de ne lui avoir pas dédicacé ce chant, à lui, plutôt qu'au Seigneur. Et ce reproche est revenu régulièrement tout au long de notre vie commune. Mon époux n'acceptait toujours pas que j'aie choisi de dédicacer cette chanson au Seigneur plutôt qu'à lui, le jour de notre mariage, et ce, malgré mes nombreuses explications. C'est anodin, me direz-vous? Ne vous hâtez surtout pas de tirer des conclusions : parfois, les signes que le ver est dans le fruit sont évidents mais nous refusons de le voir, tout simplement.

Le Saint-Esprit m'a donc mis à cœur, pressée même, d'écrire ce livre-témoignage dès la 3e année de notre séparation, en 2016, en m'inspirant ce titre afin d'aider plusieurs. Oui! Je sais... Cela semble invraisemblable, n'est-ce pas? Pourquoi le Saint-Esprit voudrait-Il qu'on écrive un livre dont le titre évocateur pourrait être assimilé à une propagande au divorce? Et surtout en quoi un tel livre pourrait être aidant dans l'Église? Croyez-moi, j'en ai été la première... choquée! Et pourtant : «*Dieu parle tantôt d'une manière, tantôt d'une autre, et l'homme n'y prend point garde.*» (Job 33, 14)

Au moment même où j'écris ces lignes, il y a tellement de personnes, zélées pour le Seigneur, L'aimant de tout leur cœur, ayant eu Son approbation claire et nette pour leur mariage et qui, aujourd'hui, se demandent : «ai-je vraiment entendu le Seigneur me donner Son oui pour cette union? Le fameux «Dieu m'a dit...» n'était-il pas finalement qu'une affabulation de mon esprit?»

Et cela vous rappelle certainement une célèbre scène de l'allégorie de la création : «*Dieu a-t-il **réellement** dit : Vous ne mangerez pas de tous les arbres du jardin... ?*» (Ge3,1) Et là, le doute et la confusion s'installent, évidemment.

Mon frère, ma sœur, quand la voix de l'accusateur se fait plus forte, quand le doute en vient à s'installer au sujet de ton mariage solidement ancré en Christ et orchestré par Celui-là même en qui tu as cru, crois-en mon expérience, c'est bien parce que le train a déraillé depuis longtemps! Le ver était déjà dans le fruit. Il y avait une faille dans la fondation, tu n'y avais juste pas prêté attention. Et comme le dit la Parole, «*quand les fondements sont renversés, le juste que ferait-il ?*» (Ps11,3)

Bref! Si tu en es à te poser cette question «Dieu m'a-t-Il vraiment dit... ?» à propos de ton mariage, malgré l'obéissance à ton Dieu, malgré toutes les prophéties reçues, alors ce livre est pour toi. Je t'encourage à le lire jusqu'au bout. En parcourant mon témoignage douloureux, certes, mais édifiant, tu y trouveras un chemin de délivrance et tu te repositionneras sur le chemin de ta propre destinée.

C'est ma prière pour toi, mon frère, ma sœur, au nom précieux de notre Seigneur Jésus-Christ de Nazareth, mon éternel Amoureux, mon véritable Époux! J'y reviendrai tout au long de ce livre.

Demeure béni(e) pendant que tu fais courageusement face à l'histoire de ton propre mariage au travers du mien.

Victoire, ta sœur en Christ.

Introduction

Ce vendredi 19 mars 2021, je suis en plein télétravail quand je vois arriver une notification de courriel sur mon ordinateur personnel : c'est un courriel du tribunal de Gatineau. Je réside au Canada depuis dix ans déjà. Je suis surprise car je ne l'attendais pas avant une semaine : « ils ont fait vite ! » me suis-je dit intérieurement. Toute excitée, j'arrête ce que je faisais et je bondis frénétiquement sur mon ordinateur personnel !

C'est effectivement le courriel que j'attendais : la décision du tribunal annonçant mon divorce…

Enfin ! C'est fait ! Je suis libre ! « Libérée, délivrée… » comme l'aurait chanté ma fille de huit ans, imitant sa chère Anna, personnage principal de son dessin animé préféré « la reine des neiges ».

Trois jours plus tôt, le 16 mars 2021, j'étais passée devant le juge par visioconférence (COVID oblige) : le 16 avril 2021, soit un mois plus tard, on aurait eu seize ans de mariage.

La vie est vraiment curieuse… Qui aurait pensé que je me réjouirais un jour d'être divorcée ? Après huit ans de séparation, et une succession d'événements, tous aussi désolants les uns que les autres, mon esprit s'était finalement résolu à l'inacceptable. Et pendant que je parcours cette décision de justice, tous mes souvenirs me reviennent d'un coup… Je vais enfin pouvoir écrire ce livre comme prescrit par le Seigneur : *Divorcée pour Sa Gloire !*

Mais commençons par le commencement.

CHAPITRE 1 :

Mon histoire personnelle

Mon enfance

Il est absolument nécessaire que je vous parle de moi, de mes valeurs, de mon histoire personnelle car cela aidera grandement à connaître la femme que j'étais au moment où j'entrais dans mon mariage et les choix que j'ai opérés par la suite.

Mon histoire personnelle est douloureuse, triste, mais aussi remplie de petites lumières qui ont aidé à me construire...

Je suis née d'une union adultérine, un dimanche de janvier 1975 (un enfant bâ... comme on les appelait à cette époque). Ma mère, jeune fille de dix-sept ans, issue d'une famille pauvre et campagnarde, avait été envoyée à la ville pour ses études. Elle vécut son histoire d'amour avec mon père comme un rêve : c'était sa première relation amoureuse et lui, un adulte accompli, marié et père de six enfants. Elle le craignait tout en étant sous son charme, me confiera-t-elle plus tard. Quand elle tomba enceinte, elle préféra aller se réfugier chez ses parents au village sans l'annoncer à mon père. Je naquis donc et je grandis au village. Après ma naissance, ma mère décida de retourner en ville pour essayer de se trouver du travail avec son niveau d'études 3e (l'équivalent du Secondaire 5 au Québec).

En effet, dans cette société ivoirienne des années 70 être une jeune fille-mère équivalait à une éjection du système éducatif. On ne pardonnait pas aux jeunes filles qui prenaient une grossesse, alors qu'elles étaient encore sur les bancs, cela signait leur aveu d'échec scolaire et donc indubitablement le renvoi. Il n'y avait pas de seconde chance.

Ma mère me confia ainsi aux bons soins de ma grand-mère. Je ne la voyais que durant quelques rares visites que j'accueillais avec beaucoup de joie, le cœur rempli d'un amour débordant. Dans ce décor, mon père n'eut vent de mon existence qu'à mes trois ans. Je me souviens précisément de cette scène : un étranger arrive chez nous au village. Il ouvre le coffre de sa voiture rempli de victuailles, des cartons de conserves, de bouteilles d'huile, de sacs de riz, etc. Beaucoup de personnes se rassemblent autour de lui pour une réunion improvisée, puis quelque temps après, je vois le monsieur ressortir de la cour familiale et démarrer sa voiture en trombe…

Je ne savais pas précisément ce qui se passait à l'époque mais mon esprit d'enfant avait immortalisé ces images. Quelques années plus tard, ma mère tomba des nues quand je lui en parlai. Comment mon cerveau de trois à quatre ans d'âge avait pu s'en souvenir ? Les mystères de la vie !

Je me souviens encore qu'à six ans, j'ai subi le premier grand bouleversement de ma jeune vie : une après-midi, ma mère, qui était revenue quelques mois plus tôt au village avec un (nouveau) bébé dans les bras, une fille… nous a embarquées manu militari, ma petite sœur et moi, dans un pick-up avec ce que nous pouvions avoir comme bagages. Moi qui ne comprenais rien, en pleurs car je voyais mon p'tit monde s'écrouler, et elle qui, de toute évidence, était furieuse, ne tolérant aucune question de mon petit esprit déboussolé par la violence et le traumatisme de cette brusque séparation...

J'étais le chouchou de ma grand-mère, elle m'avait quasiment allaitée et était très attachée à moi... Je n'arrêtais pas de demander à ma mère où nous allions, pourquoi on devait partir, je voulais rester avec ma grand-mère... Mais, elle était très fâchée, furieuse même, et n'arrêtait pas de crier dans l'hystérie : « oublie ces gens, ce n'est pas ta famille ! On ne reviendra plus jamais ! » Fin de l'histoire.

Là encore, ce n'est que des années plus tard, que j'eus le fin mot de l'histoire... En substance, ma mère avait été adoptée et ma grand-mère était en réalité ma grand-mère adoptive, en fait, la tutrice de ma mère. Sa vraie mère l'avait confiée à ma grand-mère adoptive pour conjurer le mauvais sort car avant ma mère, tous les enfants conçus par ma vraie grand-mère mouraient à bas âge...

Cette après-midi-là donc, après une énième violente dispute avec ma grand-mère adoptive, ma mère avait finalement décidé de rentrer chez sa vraie mère, ma vraie grand-mère. Bref ! Une histoire compliquée et rocambolesque à vrai dire, des secrets de familles douloureux dont je me garderai bien de vous relater tous les détails ici.

Je vous épargne également tous les détails de ma vie après avoir quitté mon village natal pour le village de ma vraie grand-mère. Toutefois, ces quelques lignes qui suivent vous permettront de vous en faire une idée générale.

En effet, après quelques mois, ma mère était repartie à la capitale, Abidjan, et ma petite sœur Estelle et moi étions restées au village avec notre vraie grand-mère. Je me souviens encore aujourd'hui avec beaucoup de tendresse et de nostalgie de ces années avec cette femme affable, drôle et tellement gentille, qui se privait du peu qu'elle avait pour ses petits-enfants. Je me souviens également des moments de jeu et de fous rires que j'avais avec ma petite sœur qui aimait, déjà à son jeune âge, se promener dans tout le village. Et ma grand-mère qui, chaque soir, s'arrêtait sur le pas de la porte et criait son nom à tue-tête. Tout le village était habitué à ce rituel et chaque fois que cela arrivait, la famille chez qui se trouvait ma sœur à ce moment-là lui demandait de rentrer à la maison dans un fou rire général. Et, après plusieurs minutes d'hurlement de son nom par ma grand-mère, on voyait ma petite sœur, haute comme trois pommes, pointer le bout de son nez à petits pas feutrés. Ce qui ne manquait pas de nous faire pouffer de rire toutes les trois. Je chérissais ces moments-là, du moins pendant les vacances scolaires, car je devais aller à l'école, à deux villages du nôtre. Eh oui ! Il n'y avait pas d'école dans le village de ma grand-mère. Autant vous le dire tout de suite, notre village étant enclavé : la marche et la pirogue étaient nos principaux moyens de déplacement. Donc, malgré mon jeune âge, je marchais pendant presque une demi-journée pour me rendre à ce village voisin où j'allais à l'école. Ainsi, je résidais chez des tuteurs pendant l'année scolaire à seulement… six ans ! Et cela ne se faisait pas sans déchirement ni pleurs. Surtout à l'idée de me séparer de ma petite sœur dont j'étais très protectrice et avec qui j'avais un lien très fort déjà, à cette époque-là. Et cela n'a d'ailleurs pas changé jusque aujourd'hui. Je me souviens encore avec tendresse que chacun de mes retours était un moment chargé d'émotions : quelle joie de nous retrouver ! Je m'arrangeais toujours à économiser le peu d'argent que je recevais pour pouvoir ramener des friandises à ma sœur. Et cela me faisait tellement plaisir de voir le sourire qui illuminait son visage quand j'arrivais et que je lui offrais mes précieux cadeaux. Et le soir-même, grand-mère nous réunissait autour du feu. Eh oui ! Nos fameuses soirées autour du feu où ma grand-mère nous racontait de beaux contes riches en enseignements dont je raffolais tant... Ces moments me faisaient oublier toute la douleur de l'absence et les difficultés que j'avais eues chez mes tuteurs. Des moments privilégiés qui me manquaient énormément durant l'année scolaire. Ainsi allait ma vie de petite fille jusqu'à ce qu'arrivent les questionnements d'ordre existentialiste... à huit ans.

Cette rentrée scolaire-là, je débutais la classe de CE2 (l'équivalent de la 4e année du primaire au Québec). Et ma mère était venue quelques semaines auparavant avec mes fournitures scolaires et surtout un nouveau sac à dos et des superbes ballerines blanches à bottillons. J'étais aux anges. L'inscription sur le sac à dos avait particulièrement attiré mon attention : M. ZADI. Ce nom «ZADI», c'est la première fois que je le voyais ou même en entendais parler. Et ma mère de m'expliquer que c'était en fait le patronyme de mon vrai père et que le nom de famille que je portais jusque-là était celui de notre famille adoptive. C'est curieux, mais j'étais si heureuse, si fière de porter enfin le nom de mon vrai père. C'est la première fois qu'il était nommément et ouvertement cité. J'étais enfin une enfant reconnue. Je ne m'explique toujours pas comment m'est venu cet amour soudain pour cet homme, ce père inconnu que je n'avais pourtant «jamais» vu mais qui me semblait si familier. Et ma mère de me promettre que pendant les prochaines vacances scolaires, elle m'emmènerait le voir. C'est donc le cœur léger et tout heureuse que je gambadais fièrement avec mes copines sur le chemin de l'école avec mon beau sac à dos portant le nom de mon père et mes nouvelles ballerines blanches. Autant dire que j'étais la coqueluche de l'école avec de tels attributs. Je ne sais pas pourquoi non plus, mais j'étais convaincue que mon père était un homme riche. Je me rappelle bien que lorsqu'il nous arrivait de voir un hélicoptère passer au-dessus de nos têtes rêveuses sur le chemin de l'école, je disais à mes copines de marche : «mon père viendra me chercher en *hélicomtère*» (c'est ainsi qu'on écorchait ce nom trop compliqué à prononcer pour notre âge) et elles pouffaient de rires, tellement l'idée leur semblait absurde. Mais, moi, j'y croyais dur comme fer.

Comme d'habitude, j'avais fini l'année scolaire en tenant le peloton de ma classe. Et lorsque ma mère vint nous voir chez ma grand-mère pendant les vacances scolaires, j'étais heureuse de le lui annoncer tout en précisant que mon père serait très fier de moi quand je lui présenterais mon bulletin scolaire. Et là, je vis le visage de ma mère s'assombrir, et instinctivement, je sus que cela n'annonçait rien de bon. Puis, avec tact, elle m'annonça qu'elle était désolée mais qu'on ne pourrait pas voir mon père ces vacances-là, qu'elle allait tout faire pour que cela soit possible l'année suivante. C'était la déception totale. Mon monde s'effondrait encore une fois. Moi qui avais tellement bassiné mes copines sur le fait que j'irais chez mon père durant les vacances et qu'à la rentrée j'aurais beaucoup à leur raconter…

C'est donc le cœur lourd et broyé que je passai ces vacances-là, et ce, malgré la présence bienveillante de ma grand-mère et de ma petite sœur. Et lorsqu'il fallut reprendre le chemin de l'école à la rentrée, c'est sans enthousiasme que je le fis : la vie chez mes tuteurs, dans ce village loin de ma grand-mère et de ma petite sœur, marcher sur des kilomètres chaque jour pour aller à l'école, les études, plus rien ne m'intéressait. J'étais dégoûtée, en fait.

Je m'efforçais mais je n'y arrivais. Je n'arrivais pas à comprendre pourquoi je ne pouvais pas voir mon père, pourquoi je n'avais pas le droit de le voir, moi qui avais toujours été considérée comme une bâ... et qui pouvais enfin m'enorgueillir d'avoir un père, moi aussi. Je pleurai beaucoup cette année scolaire-là. Je n'avais pas été aussi malheureuse avant que ces questions sur ma filiation, la recherche de mon père, le besoin viscéral de le voir, de le connaître, ne viennent m'envahir. Même quand je quittais le village de ma grand-mère adoptive, la douleur n'avait pas été aussi profonde. Ce vague à l'âme au sujet très sensible de mon père dura jusqu'aux congés de Noël et c'est avec soulagement que je rejoignis ma grand-mère et ma petite sœur. Je me rappelle que ces congés-là, j'avais dû prendre seule la route, mon compagnon de route habituel étant resté pour des raisons familiales. J'avais trop hâte de rentrer alors je n'avais pas voulu attendre. Encore aujourd'hui, je me demande d'où j'ai tiré le courage et la force d'entreprendre ce chemin toute seule : une petite fille d'à peine neuf ans, traversant seule la forêt, bordée par la mer, pour aller retrouver sa grand-mère à près de 4 h de marche ! En plus, avec tout ce qu'il pouvait y avoir comme danger ! En effet, à cette époque, on racontait que des hommes, des vendeurs ambulants, allaient de village en village, et que parfois des enfants disparaissaient... sans compter la présence des animaux sauvages dans la forêt. De quoi donner des sueurs froides et tétaniser mon cerveau d'enfant ! Mais, curieusement, malgré la peur que j'avais au ventre, cela ne m'avait pas dissuadée de prendre la route seule. Et c'est avec soulagement que je vis enfin l'entrée du village de ma grand-mère. Et comme je connaissais les habitudes de cette dernière, je savais qu'à cette heure-là, midi (elle m'avait appris à lire l'heure en regardant mon ombre), elle était encore dans son champ. Je marquai donc un arrêt à l'entrée du champ et l'appelai de toutes mes forces par le signal qu'on s'était donné : des cris d'appel.

Eh oui ! Tous ceux qui ont fait le village savent qu'on ne crie pas le nom des gens au champ de peur qu'un génie (mauvais esprit) réponde à la place de l'appelé et vous fasse du mal à tous les deux. Du moins, c'est ce que ma grand-mère m'avait expliqué.

Et c'est avec joie que j'entendis ma grand-mère répondre à mon cri depuis l'autre bout du champ et que je m'empressai de la rejoindre, guidée par l'écho de ses cris, en réponse aux miens. Ma grand-mère n'en revenait pas quand je lui racontai que j'avais fait le chemin toute seule. Elle en était offusquée, effrayée même, et me fit vivement promettre de ne plus recommencer.

Quand j'y repense, c'est ce jour-là que j'ai fait, pour la première fois, l'expérience de ce que j'appellerai plus tard « la présence divine ». À l'époque, j'avais juste senti que quelqu'un de grand et de fort marchait avec moi et me rassurait chaque fois que le bruit d'un oiseau, d'un animal ou d'un craquement de branche se faisait entendre dans la forêt. Et, fort heureusement, cette présence ne m'a plus jamais quittée jusqu'à ce jour. Quelques années plus tard, bien après ma conversion, je sus que c'était le Seigneur, le Maître de l'univers, l'Auteur de ma vie, Celui qui avait souverainement décidé de ma venue sur terre envers et contre l'opinion de mes propres parents et qui me protégeait en toutes circonstances. Waouh ! Je réalisai alors à quel point j'étais précieuse à Ses yeux, une vraie «*prunelle à Ses yeux*» ! (Es 43, 4)

Pour en revenir à mes questions existentialistes au sujet de mon identité et de mon appartenance filiale, elles m'avaient assaillie avec encore plus de violence à mon retour en classe en janvier. C'était plus fort que moi. J'en perdais l'appétit, tout court. Et, pour couronner le tout, je m'étais fêlée les côtes en tombant d'un manguier pendant une battue de mangues avec mes amis. Je dus retourner chez ma grand-mère pour me faire soigner avec des médicaments traditionnels. Au bout de deux mois de traitement, j'allais mieux mais je ne voulais plus retourner à l'école. Du moins, pas tant que je ne voyais pas mon père ! Ma grand-mère toute affolée envoya la nouvelle à ma mère qui rentra dare-dare au village. Après moult discussions et plaidoyers (eh oui ! Mon sens de la discussion et de la repartie avait commencé très tôt. Rires), nous étions parvenus à un accord : mon retour en classe contre la promesse ferme d'aller chez mon père durant les vacances dans quelques mois. Cette fois, ma mère avait compris que ce n'était pas du jeu et que je pouvais même me laisser mourir si elle n'accédait pas à ma demande. Et elle tint parole.

Je sus des années plus tard que cela n'était pas aussi simple que mon cerveau d'enfant le croyait et que ma mère avait dû entreprendre des démarches abracadabrantes pour m'obtenir ce précieux sésame. Qu'à cela ne tienne !

Mon père, ce héros!

Mon père débarqua dans le village de ma grand-mère un soir d'Été 1984, un peu avant la tombée de la nuit. Inutile de préciser que le village n'était pas électrifié et que nous fonctionnions à la lampe tempête à la tombée de la nuit. J'étais couverte d'amidon car je venais de râper le manioc (ce tubercule bien connu en Afrique centrale et de l'Ouest) qui allait servir à faire l'attiéké (du couscous de manioc), notre nourriture de base. Ma grand-mère et moi en vendions d'ailleurs une partie au débarcadère pour avoir un peu d'argent pour les grandes occasions. C'est sur ces entrefaites que je vis une délégation de trois hommes arriver avec un des neveux de ma grand-mère.

Dans un village, tout le monde connaît tout le monde et les us et coutumes sont sus par tous. Ainsi, quand un étranger arrivait dans le village de ma grand-mère, il était immédiatement repéré et soit on le guidait vers la famille visitée soit on lui attribuait une famille d'accueil s'il était juste de passage à la faveur de la nuit. Dans le cas où il s'agissait d'une personne importante, le chef était immédiatement avisé et une réception spéciale était improvisée. Et en l'espèce, ça l'était.

Alors quand je vis ces trois étrangers arriver, je sus tout de suite par leur accoutrement que c'étaient des gens importants et mon cœur se mit à battre très fort. L'accompagnateur les introduisit à ma grand-mère en mentionnant que le monsieur en lunettes disait qu'il était venu chercher sa fille, en l'occurrence moi. Une joie débordante envahit immédiatement mon cœur et instinctivement je me cachai derrière ma grand-mère. Après avoir salué cette dernière, l'inconnu se pencha immédiatement vers moi et me dit : « c'est toi, Martine ?

Je suis ton papa.» Cette simple phrase représentait la lune pour moi. J'étais si heureuse et en même temps j'étais si intimidée par cet inconnu qui disait être mon père. Mais, au fond de moi, j'étais surtout convaincue que c'était bien mon père, celui que je désirais tant voir. Puis, il expliqua à ma grand-mère qu'il était désolé d'arriver si tard. Ils avaient eu des difficultés avec le hors-bord qu'il avait loué et, ne connaissant pas le village, ils avaient mal évalué la distance. Ah oui ! J'avais oublié de mentionner que le meilleur moyen d'accéder à notre village, à partir de la grande ville la plus proche, était par voie fluviale, vu qu'il était impossible d'y accéder en voiture. Pour la petite anecdote, et je ne l'ai su que bien plus tard, mon père ne savait pas nager et prendre un hors-bord, même avec un gilet de sauvetage, sur une vaste étendue d'eau aussi dangereuse que la lagune, était pour lui une grande preuve d'amour, la preuve qu'il voulait absolument rencontrer cet enfant dont il n'avait su l'existence que trois ans après sa venue au monde, son «sang» comme il aimait à le dire. Un enfant qu'il avait pourtant essayé de reconnaître une première fois sans succès. Vous vous rappelez la scène du monsieur à la voiture remplie de victuailles chez ma grand-mère adoptive ?

Eh bien ! C'était lui, le monsieur de la «scène» : c'était bien mon père !

Bref ! Revenons à son arrivée, ce soir-là.

Pour mon père, il était juste question de venir me récupérer croyant que ma mère avait déjà réglé tous les détails avec ses parents. Pour lui donc, c'était une pure formalité. Malheureusement, il n'en était rien... Une réunion fut improvisée rapidement chez le chef du village, avec ses notables, ma grand-mère, ses frères et sœurs, en l'absence de ma mère. Eh oui ! Dans la culture africaine, un enfant n'appartient pas qu'à sa famille biologique. Il appartient au village tout entier, de sorte que, quand un événement comme celui qui était sur le point de m'arriver s'opérait, la décision n'était pas prise uniquement par la famille.

Au terme de la réunion, tout ce beau monde conclut qu'on ne pouvait raisonnablement pas me confier à un parfait « étranger » étant donné que seule ma mère pouvait identifier le père de son enfant et qu'elle n'était pas là pour le faire. Elle n'avait d'ailleurs laissé aucune consigne à cet effet. Ma grand-mère n'avait pas eu droit au chapitre, étant considérée uniquement comme la gardienne.

Mon père qui avait mobilisé deux de ses amis dans cette aventure, un directeur d'école primaire et un prêtre, était très déçu de cet énième refus, surtout après avoir bravé tant d'obstacles pour se rendre jusqu'à moi : 152 km de route jusqu'à la grande ville la plus proche puis cette expédition par hors-bord jusqu'à notre village ! Il chargea donc ma grand-mère de dire à ma mère que c'était sa dernière tentative et que si elle ne me ramenait pas elle-même chez lui, il ne ferait plus aucune démarche dans ce sens. Quand ma grand-mère m'annonça après la rencontre que je ne partirais pas avec mon père cette nuit-là, j'étais effondrée : j'avais une impression de déjà vu et je sentis le sol se dérober sous mes pieds. Mon père, sentant mon désarroi s'approcha de moi et me rassura en ces termes : « ne t'inquiète pas, ta mère viendra te chercher la semaine prochaine et on se reverra bientôt. Tu vas aussi rencontrer tes frères et sœurs qui ont hâte de te connaître. » Et il me remit un billet de 5 000 FCFA (environs $CAD12). Ce qui représentait une fortune pour ma grand-mère et moi à l'époque, d'autant plus que notre commerce d'attiéké ne nous avait jamais permis d'en gagner autant. Ils devaient partir précipitamment car l'opaque obscurité était déjà tombée sur le village et les visiteurs avaient environ 30 minutes de sentier à parcourir avant d'atteindre le quai pour leur retour avec le hors-bord. Et cela inquiétait vraiment mon père. Je versai quelques larmes au départ de ce dernier et dès qu'ils furent partis, je m'empressai de mettre le billet de 5 000 FCFA dans la boîte qui servait de tirelire à ma grand-mère : elle ne contenait que quelques pièces de 5 FCFA. Cette manne financière tombait à pic !

Les jours qui suivirent le passage de mon père se déroulèrent comme dans un rêve pour moi. Difficile de redescendre de mon nuage : moi aussi j'ai un papa, il existe bel et bien ! Et il est venu jusque dans ce bled perdu, rien que pour moi ! Je vais bientôt aller vivre chez lui, quitter cette vie du village qui ne m'avait jamais convenu… Et il est aussi riche que je le pensais ! Mais oui ! Ce n'est pas tout le monde qui pouvait louer un hors-bord ! D'ailleurs, la plupart de ceux qui venaient dans notre village par voie lacustre le faisaient en pinasse ou en pirogue, pas en hors-bord.

Honnêtement, la douleur de quitter ma grand-mère et ma petite sœur chéries n'était que secondaire. J'étais trop excitée par la douce idée de changer de vie, d'aller vivre en ville, de vivre chez mon cher papa !

Effectivement, ma mère arriva la semaine d'après, comme annoncé par mon père, et le rêve devint enfin réalité.

Je ne saurais clore cette section sans rendre un vibrant hommage à ma chère grand-mère qui nous quitta avant que je n'eusse l'occasion de lui rendre en retour tout le bien qu'elle nous avait fait, ma sœur et moi.

En route vers ma destinée

Mon arrivée chez mon père était effectivement très attendue… Il avait déjà préparé le reste de la famille à ma venue et mes frères et sœurs étaient curieux de rencontrer cette sœur venue du village et qui était annoncée comme une brillante élève. De mon côté, l'enthousiasme laissa très vite la place à la dure réalité. Le passage du village à la vie citadine n'était pas du tout aisé. La ville avait ses codes qui étaient complètement différents du village : je devais tout apprendre. Parler le français de la ville à temps plein et non plus le dialecte de ma mère, savoir me tenir à table, en société, me comporter comme une citadine, en somme. Très vite, mes frères et sœurs remarquèrent mes limites et me surnommèrent «la villageoise». Ce qui me blessa profondément. Pour couronner le tout, mon adaptation scolaire se faisait difficilement et mes résultats scolaires s'en ressentirent. Mais, courageusement, je me promis à moi-même de relever le défi et, après trois ans de reprise du CM2 (l'équivalent de la 6e année du primaire au Québec), je pus enfin retrouver mon niveau d'excellence et achever le reste de mon parcours académique sur le tableau d'honneur jusqu'à mon BTS (Brevet de Technicien Supérieur) en Tourisme.

Globalement, la vie n'était pas toujours rose chez mon père… Il avait ses limites d'homme, il n'était pas parfait.

Mais je lui suis profondément reconnaissante d'avoir été l'instrument choisi par Dieu pour me faire entrer dans ma destinée de femme.

En effet, je n'ai jamais été campagnarde dans l'âme. Je m'accommodais de ma vie au village en me disant qu'un jour mon père viendrait me chercher pour m'emmener en ville. En attendant, quand j'allais au champ, par exemple, j'étais horrifiée par tout ce que je voyais dans cet environnement. Je ne supportais pas la saleté des lieux, surtout quand je devais marcher dans la boue les pieds nus ou quand j'apercevais un mille-pattes. Rires.

Je savais au fond de moi que je n'étais pas faite pour ce milieu. J'étais si heureuse de savoir qu'en vivant en ville, chez mon père, cet homme de Droit, Greffier en chef au tribunal de notre ville, j'étais libre de mes choix : je pouvais choisir qui je voulais être dans la vie sans que les choix me soient imposés. J'étais déjà un leader d'opinions dans l'âme.

Et si mon père n'avait pas bravé les humiliations et ses propres peurs, sans compter les supplications auprès de son épouse, pour que je le rejoigne, le Seigneur aurait certainement trouvé un moyen de me soustraire à ce milieu rural. Certes... mais à quel prix? Je n'ose même pas imaginer les conséquences si j'avais dû marcher dans les sillons de ma mère... Alors oui! J'éprouve une profonde gratitude envers mon père, ce héros qui m'a donné une si grande preuve d'amour en m'offrant la possibilité d'être qui je suis aujourd'hui.

L'importance du père pour moi : un père responsable!

Cet épisode de ma vie a incrusté en moi le modèle du **père responsable** et mon amour pour cet idéal de père. Cela fut sans ambages pour moi : c'est ce modèle de père que je veux offrir à mes futurs enfants, un père responsable et pourvoyeur, qui, quoi que cela lui coûte, assume ses responsabilités, relève dignement la tête et essaie de réparer ses erreurs peu importe le prix à payer. Un père qui sait qu'ayant été auteur de la vie, il a des devoirs et des obligations envers cette vie éternelle, même si celle-ci pouvait être considérée par beaucoup comme un dommage collatéral. Un tel homme mérite tout mon respect.

Cela vous permet aussi de comprendre que, pour moi, un père est irremplaçable dans la vie de son enfant. Tout comme la mère, il y tient une place unique qui, si elle est assumée avec courage, permettra à son enfant de trouver sa voie, d'entrer dans sa destinée prophétique. Et c'est ce qu'a été avec brio mon propre père ! Comment donc comprendre qu'avec une telle conception du rôle du père, je « décide » délibérément de priver mes enfants des années plus tard de leur père ? Serait-il possible que je sois cruelle et masochiste à ce point ? Aurais-je perdu la raison ?

La vérité est que ce point a été le plus difficile à accepter et le plus blessant pour moi dans mon divorce : que mes enfants vivent un abandon de leur père. Ce dont le Seigneur m'avait soustraite moi-même à un si grand prix. Je m'en suis voulu pendant longtemps d'avoir donné un tel père à mes enfants. Cela est un os en travers de ma gorge et un sujet sensible même encore aujourd'hui, huit ans plus tard. Et j'avoue que l'ennemi arrive encore à me flageller avec cette idée. Heureusement, « [*Sa*] *grâce* [*me*] *suffit* ». (2Cor12,9)

Alors, si vous avez compris ce pan de ma vie, vous pourrez aisément comprendre le reste.

CHAPITRE 2 :

Ma Conversion à Christ (mes «*Années-Lumières*»)

Ce chapitre est le plus beau de toute ma vie. Eh oui. Ma vie a littéralement changé le jour où j'ai pleinement pris conscience de l'existence de ce grand Dieu. Je n'ai cessé de vivre une relation formidable avec mon Seigneur depuis le jour où il m'a éclairée de Sa Lumière et a bien voulu me donner accès à Lui. Quelle grâce ! Ce Seigneur que j'aime toujours aussi profondément des décennies plus tard, Ce Jésus-Christ de Nazareth, je L'ai rencontré, comme j'aime à le répéter, *en tant que Catholique*. Je dis ça et je ne dis rien. Sourires.

En effet, en arrivant chez mon père, j'ai trouvé une famille catholique pratiquante. Cela veut dire qu'on se reconnaissait dans la foi catholique : on allait à la messe chaque dimanche, on faisait la catéchèse, on se faisait baptiser, confirmer, on priait avant chaque repas, on faisait le carême. Bref ! Tous les rites catholiques étaient de mise chez nous. D'ailleurs, pour nous motiver à aller à la messe le dimanche, mon père avait institué une tradition familiale : le «brunch» du dimanche. Chaque dimanche, à la sortie de la messe, mon père nous amenait à la plus grande superette de la ville pour nous ravitailler en charcuterie. Ah ! Les fameux «pains-saucissons» ! Et seuls, ceux qui avaient été à la messe y avaient droit. Nous aimions particulièrement ces moments-là alors aucun de nous ne ratait la messe pour rien au monde. Mais, alors, ne nous demandez pas quel était le sujet de l'homélie du jour, nous ne le savions pas. Normal. Nous passions notre temps à placoter durant toute la messe. Nous n'y étions que de corps, en réalité. De l'âge de neuf ans et jusqu'à mes quatorze, quinze ans, c'était le même rituel, même si j'avais bien suivi ma catéchèse et reçu mes sacrements (baptême, première communion, confession, confirmation, etc.).

Cela étant dit, je dois tout de même reconnaître que vivre dans un environnement religieux a aidé à asseoir foncièrement en moi la base de ma foi en Christ, même si je n'en étais pas consciente à ce moment-là.

C'est à partir de l'âge de quinze ans que les choses prirent une tournure plus marquée. Je ne sais d'ailleurs pas comment cela est arrivé mais à l'adolescence, j'ai été confrontée comme la plupart des jeunes de cet âge à la crise d'adolescence. La mienne a été particulièrement violente de par la complexité des problématiques en cause. J'étais encore en pleine crise identitaire et l'absence prolongée de ma mère, qui n'était plus revenue me voir depuis mon arrivée chez mon père, n'aidait pas à améliorer la situation. Son absence était d'autant plus criarde que les mères de mes trois autres petits frères et sœurs venaient les voir et même les récupérer pour les vacances. Ce qui n'était pas mon cas. Cela faisait jaser dans la famille et les mauvaises langues allaient jusqu'à me lancer au visage que ma mère m'avait « abandonnée » ! Ce qui me heurtait profondément, même si je ne me l'avouais pas. Chaque soir, depuis mon arrivée dans la maison paternelle à neuf ans et demi, je priais pour que le Seigneur donne du travail à ma mère, « afin qu'elle ait l'argent pour venir me voir. » Dans mon cerveau d'enfant, et sachant les difficultés financières de ma mère, ce ne pouvait être que cela la raison plausible de cette absence. Mais les années passaient et ma mère n'arrivait toujours pas. Alors, les railleries de mes frères et sœurs et de mes tantes sur le supposé abandon de ma mère avaient fini par me convaincre qu'elle avait effectivement choisi de me laisser choir chez mon père. Je représentais certainement pour elle un colis fort encombrant dont mon père l'avait définitivement débarrassé. Malgré l'immense douleur que cette idée m'infligeait, j'en étais courageusement arrivée à la conclusion qu'elle ne m'aimait pas et que je ferais mieux de l'oublier. Alors, à partir de mes quinze ans, j'arrêtai de prier au sujet d'une visite surprise de ma mère : je n'y croyais tout simplement plus. J'avais même résolu que pour moi elle était morte. Après tout, le Seigneur m'avait donné une autre mère, la femme de mon père qui nous élevait tous du mieux qu'elle pouvait, même si je devinais du haut de mes quinze ans que ce ne devait pas être facile pour elle d'élever les enfants des « autres », ces bâ…, fruits des trahisons répétées de son mari.

Tout compte fait, papa avait exigé que nous l'appelions tous « maman », ce qui aidait à préserver l'équilibre familial. Nous le faisions de si bon cœur qu'aucun de nos amis ne pouvait même imaginer qu'elle n'était pas notre vraie mère. En ce qui me concerne, mes copines ne le surent qu'à son décès, lorsque des problèmes surgirent entre sa famille et celle de mon père. Encore un autre drame de ma vie qui m'apprit qu'on ne devrait jamais, au grand jamais parler de ses problèmes de couples aux membres de sa famille, de peur qu'ils détestent secrètement le conjoint ou la conjointe. Règle que la vie m'obligera encore une fois à réviser des années plus tard avec mon propre vécu, après huit ans de mariage. On en reparlera.

Donc pour moi je n'avais plus de mère, malgré le fait que ma seconde mère me demandait de ne pas prendre de décisions radicales vis-à-vis de ma génitrice et de lui laisser une porte ouverte…

C'est dans ce cocktail explosif que débuta mon adolescence.

Cela m'amenait à être constamment sur la défensive et j'avais la plupart du temps la mine renfrognée. Du moins, à la maison car dès que j'étais au Collège catholique filles que je fréquentais, avec mes copines, c'était une Martine drôle, meneuse, fofolle et extravertie qui s'exprimait. Il m'arrivait même de donner des spectacles de chants et de danses en classe, la veille des congés scolaires. Ce que mon père avait du mal à croire quand on le lui rapportait, surtout que j'étais une excellente élève. À l'école donc tout allait bien. Ce qui était loin d'être le cas à la maison.

Autant dire que j'étais souvent à l'ordre du jour dans les conseils de famille.

Et c'est dans cette atmosphère parfois délétère que, contre toute attente, je me surpris à prendre subitement la messe très au sérieux. Tout à coup, je n'avais plus envie de me moquer des habillements des adultes durant la messe, des rituels du prêtre quand il priait en chantant ou quand les lecteurs se trompaient en proclamant la liturgie. Et je me surprenais même à aimer les chants en langue locale (le Bhété) interprétés par la chorale des adultes et que je trouvais si ennuyeux auparavant.

Pendant des années, se moquer des gens à l'église était le jeu favori de mes copines et moi, et je ne sais comment cela arriva, mais soudain, je ne trouvais plus cela drôle du tout. Mes copines ne me comprenaient plus. Comment pouvais-je leur expliquer : j'en étais la première surprise.

Au Collège, j'avais intégré la JEC (Jeunesse Étudiante Catholique) et j'admirais le leadership des responsables du mouvement durant les réunions, même si je n'osais pas m'engager plus.

C'est à cette époque que j'établis la liste des « dix péchés capitaux » que je ne devrais jamais commettre en tant que chrétienne. Ces péchés étaient listés selon leur ordre d'importance : de ce que je considérais « moins grave » jusqu'au « plus grave ». Le dixième péché était donc le plus grave selon mon classement.

À partir de mes 17 ans, les choses sérieuses commencèrent véritablement. Depuis 2 ans, j'avais changé de fusil d'épaule par rapport aux choses sacrées, *les choses de Dieu,* et une mutation avait commencé progressivement dans ma vie même si ce n'était encore que des bourgeons. Je ne me maquillais plus outrageusement, alors que cela avait longtemps été l'objet de conflits entre mon père et moi. J'évitais également de m'isoler dans mon lit avec un livre en main chaque fois que j'étais à la maison, mon activité favorite mais ô combien contestée par mes parents.

Au contraire, j'essayais maintenant de faire des travaux domestiques plus souvent, de m'impliquer plus à la maison, d'être présente à la cuisine... J'aimais spécialement prendre soin de la maison, et m'assurer que le salon était toujours accueillant pour les visiteurs. Mon goût pour le beau et la décoration d'intérieur vient d'ailleurs de là. Progressivement, mes moments de prières personnels avaient commencé aussi à devenir plus intenses. Je faisais souvent appel au Seigneur quand j'avais fait une bêtise et que je ne voulais pas que mon père me grondât, par exemple. Sans m'en rendre compte, Il était devenu mon Confident, puis mon Meilleur Ami. Je lui racontais toutes mes «bêtises», le garçon pour qui j'avais le béguin, lui demandant si je devais aller avouer mes sentiments à ce jeune-là ou simplement l'oublier, etc. Je Lui parlais aussi de mes besoins et combien j'avais peur de demander de l'argent à mon père sachant que c'était un sujet épineux pour lui, etc. etc. Bref! Tout ce qu'on peut raconter à un ami quoi. Et curieusement, Il me répondait. Alors, cela m'encourageait à continuer. Avec le temps et la pratique, j'avais appris à discerner Sa voix au fond de mon cœur. Et je vous rassure, il ne s'agissait pas d'un soliloque. Le plus surprenant, c'est qu'Il le faisait dans un langage cool, le langage des jeunes quoi! Et j'aimais cela.

Je tenais aussi un journal intime que je Lui adressais chaque soir. C'était l'occasion de faire le point de la journée et voir les bons coups et les points à améliorer pour le lendemain. Donc, chaque fois que j'écrivais dans le journal, c'était encore à Lui que je parlais. Difficile ainsi de Lui cacher quoi que ce soit : mes joies, mes peines, mes frustrations, tout y passait! Il savait tout de moi. Et j'aimais notre Amitié plus que tout : elle m'était précieuse.

Mon père était d'ailleurs très fier de voir la jeune fille que je devenais et surtout de me voir m'intéresser *aux choses de Dieu*, lui qui était habitué à gérer les sorties intempestives de mes sœurs aînées. Alors, quand on recevait un membre du clergé à manger à la maison, c'est avec fierté qu'il me demandait de faire le bénédicité.

Après mon Brevet d'Études du Premier Cycle (BEPC, fin du 1er cycle du Secondaire), je fus orientée par l'État au Lycée Moderne, le plus grand Lycée de la ville (plus de 3 000 élèves). Comparé au Collège Privé Catholique, un milieu très sélect, c'était le jour et la nuit. Je suppliai mon père pendant toutes les vacances de me payer les cours au Collège privé catholique du second cycle pour m'éviter toutes les difficultés autant environnementales qu'académiques que je redoutais au Lycée. J'avais appris entre autres qu'on changeait de local à chaque matière et qu'il arrivait même parfois qu'on ne trouve pas de salle libre pour tenir les cours. Et dans ce cas, les programmes s'en trouvaient bâclés parfois. Mon père resta ferme : pour lui, je n'aurais pas que des inconvénients à aller au Lycée, il y aurait aussi énormément d'avantages… D'ailleurs, j'y retrouverais bon nombre de mes amis du Collège car je n'étais pas la seule dans cette situation. Et de plus, cela m'apprendrait à mieux m'organiser dans mes études. Évidemment, je parlai de mes craintes à mon Meilleur Ami et Il me dit de ne pas m'inquiéter alors je dus m'y résoudre, le cœur un peu lourd, quand même.

À la rentrée, je décidai de m'impliquer un peu plus dans *les choses de Dieu* et je m'inscrivis au groupe liturgique de la paroisse. J'eus la joie d'y retrouver l'une de mes meilleures amies du Collège, Alice, et le merveilleux Père Jean Mazenod, en charge de ce département. Le courant passa si bien entre lui et le groupe qu'il finit par faire office de second père pour moi, je dirais même un mentor. Il fut l'instrument divin que le Seigneur utilisa pour me débarrasser des vieux démons qui me hantaient et me frayer un chemin vers Son Admirable Lumière. Grâce à l'aide du Père Mazenod, je réussis à me libérer de la haine et la rancœur que je vouais à cette mère qui m'avait abandonnée…

Je me souviens encore de nos longs débats sur le sujet, de mes arguments très raisonnés, de mon discours affûté. C'est durant ces échanges que je pus mettre des « mots sur mes maux » pour reprendre Guy Comeau.

Le Père Mazenod avait le tact de ne pas m'interrompre et m'écoutait patiemment égrener mon chapelet de plaintes dans un discours saccadé, empreint de douleurs et d'invectives envers cette mère qui m'était devenue inconnue. Elle était d'ailleurs enfin revenue me voir plus tôt cette année-là mais pour moi le mal était déjà fait et je la rejetai : je m'étais débrouillée sans elle toutes ces années et je n'avais plus besoin d'elle, lui avais-je dit.

Le Père Mazenod essayait donc de m'aider à démêler le vrai du faux dans mon esprit confus d'adolescente en crise. Il avait la sensibilité du Saint-Esprit pour voir ma douleur au-delà des mots et des cris. Puis, il avait cette aptitude à trouver les mots qu'il fallait pour calmer mes peurs, mes pleurs, mes soupirs… Combien de larmes n'ai-je pas versées durant ces séances de partage et de prières dans son bureau ?

Ma rencontre avec ce *saint homme* a littéralement changé ma vie. Que le Seigneur bénisse encore et encore ce serviteur zélé de l'Évangile !

Plus tard, à la fin de mes études secondaires, je pus avoir une discussion franche avec ma mère qui m'expliqua enfin les raisons de son absence. En effet, elle avait expressément décidé de ne pas venir me voir, en accord avec mon père pour, dit-elle, me donner toutes les chances de m'intégrer dans ma nouvelle famille. C'était donc un sacrifice qu'elle avait fait par amour, pour mon bien et non un abandon. Même si la jeune adulte de vingt ans que j'étais devenue comprenait le bien-fondé de cette décision, la petite fille de neuf ans, elle, était à jamais meurtrie par ce sentiment d'abandon maternel. Heureusement, le Seigneur a su faire Son œuvre de réparation. Alléluia!

Discerner le Plan de Dieu pour ma vie

Au fil des liturgies, je prenais de l'assurance et ma confiance en moi se développait dans mon rôle de lectrice du dimanche. Le trac du passage au micro avait laissé la place à un plaisir sans cesse renouvelé de prêter ma voix à la lecture de la Parole de Dieu. C'est vrai que ma voix et ma diction sonnaient bien dans le micro. D'ailleurs, n'était-ce pas ce que mon prof de français avait su exploiter en me demandant d'être la lectrice attitrée durant nos cours? Alors, j'étais fière de mettre cette compétence au service de mon Bien-Aimé Jésus. Et déjà, il se chuchotait à la paroisse que je lisais excellemment bien, et même que j'étais «la meilleure lectrice». Mon père en était aussi particulièrement fier. Tout le monde semblait donc satisfait de mon service… sauf le père Mazenod! En homme de Dieu averti, il avait compris que cela allait être source de chute pour moi. Comme il est écrit : «*l'orgueil précède la chute.*» Pr16,18 Mais moi, j'étais loin de m'en douter, j'étais juste fière de servir mon Jésus.

Une après-midi, le Père Mazenod demanda à me voir à son bureau et, avec son légendaire tact, arriva subtilement à me faire comprendre que je faisais de l'ombre aux autres et qu'il pensait qu'il serait plus sage de me retirer du groupe des lecteurs de la liturgie pour ne pas attirer les regards sur moi plutôt que sur la Parole de Dieu. Et il ajouta dans la foulée qu'il pensait que je serais plutôt d'un grand apport en prenant les rênes de la section JEC du Lycée qui avait urgemment besoin d'un responsable. En effet, le jeune responsable-sortant du bureau, un certain J-C, était appelé à d'autres responsabilités avec le Renouveau Charismatique au sein de la paroisse. Il était convaincu qu'avec mon leadership et mon charisme naturels, je ferais une bonne responsable JEC au Lycée.

C'était ma première expérience sur le **lâcher-prise et l'abandon à Dieu** et j'étais abasourdie, troublée même !

Si cela venait d'une autre personne que le Père Mazenod j'aurais tout de suite conclu que la personne ne m'aimait pas. Mais pas le Père Jean Mazenod, mon père, mon mentor ! Il avait énormément contribué à ce que j'étais en train de devenir, il m'avait donné tellement de preuves d'amour... il ne pouvait pas être mal intentionné !

Je rentrai chez moi, ce soir-là, sonnée, la tête pleine de questionnements. Je me précipitai dans ma chambre, l'un de mes lieux secrets de rencontre avec mon Meilleur Ami, pour Lui demander ce qu'Il pensait de tout cela et surtout ce que je devais faire car je ne comprenais rien de ce qui venait de se passer avec le Père Mazenod. Ça ne semblait pas logique pour mon cerveau cartésien ! Il me répondit posément, d'une voix douce, qu'Il comprenait que cela pouvait être déstabilisant mais qu'il fallait que je continue à faire confiance au Père Mazenod qui ne voulait que mon bien. Il était là pour m'aider et s'il me confiait cette autre responsabilité, c'est que c'était ce qu'il fallait. Et il rajouta : « de toute façon, ce que tu veux c'est de servir le Seigneur peu importe où alors... ».

En un mot, mon meilleur Ami me disait : «trust the process Martine!»[1] Et quand j'objectai sur le fait que le lycée était un grand environnement, pas aussi bien structuré que le collège catholique et qu'en plus, j'aurais à dealer avec *des garçons*, ma bête noire, Il me répondit que tout irait bien. Et d'ailleurs, je ne serais pas seule, il y aurait aussi des filles dans le bureau-dirigeant et le Père Mazenod ne serait pas loin vu qu'il était le Père-Aumônier de cette section JEC de la ville. À partir de là, je commençai à me sentir mieux et à accepter cette nouvelle aventure dans mon service du Seigneur, même si mes craintes ne s'étaient pas complètement envolées comme par magie.

Finalement, mon père biologique, mon père spirituel et mon Meilleur Ami avaient eu raison : Je m'adaptai super-bien au Lycée.

Rétrospectivement, j'avoue que les premières semaines en tant que responsable-JEC ne furent pas faciles. J'étais subitement devenue pour plusieurs élèves leur «respo» (c'est comme cela qu'on appelle les responsables à la JEC) et je devais plus ou moins les guider. Moi qui, jusque-là, exerçais mon leadership dans le cercle familial restreint, je me voyais catapultée leader dans un grand lycée de plus de 3000 élèves! Le pire, c'était lorsqu'on devait aller de classe en classe pour présenter notre Mouvement estudiantin et inviter les élèves à adhérer en début d'année. Dès que la délégation, que je dirigeais, entrait dans la classe, moi en tête, on entendait des sifflements admiratifs des gars au fond de la classe et ils étaient tous hilares. Et je devais prendre courageusement la parole et livrer mon message devant ces dizaines de paires d'yeux braquées sur moi. Dieu

---

1 Traduction : «Fais confiance au processus Martine!»

merci tout se passait bien. Et beaucoup venaient à notre réunion suivante juste par curiosité, pour voir «la fille-là» diriger un mouvement mixte, en majorité composée de jeunes gars ayant du mal à gérer leur trop plein de testostérone.

J'étais toujours aussi intraitable avec eux. Instinctivement, j'avais compris qu'il fallait que je m'en méfie comme de la peste. Certainement à cause de mon histoire personnelle... Quoi qu'il en soit j'avais résolu que je ne commettrais pas les erreurs de ma mère et que je ne ferai pas d'enfant pendant mes études, hors-mariage et surtout pas avec un homme marié ! Et cela faisait partie de ma liste des «dix péchés capitaux» évidemment. J'étais d'ailleurs citée comme exemple lorsqu'on parlait de chasteté à l'église.

Alors, je ne tolérais aucun geste déplacé de la part des garçons. Par exemple, un ami du primaire qui était venu me rendre visite un soir, et m'avait demandé tout de go à coucher avec moi au moment où je le raccompagnais, en avait fait les frais.

J'étais donc devenue la «terreur» des gars du Lycée. Si bien qu'ils m'avaient affublée du nom très évocateur de «la religieuse». Comme je les comprenais, les pauvres ! Ils ne savaient vraiment pas comment traiter avec cette élève-modèle, super-intelligente (toujours dans le peloton de classe), très sérieuse (trop sérieuse même), avec une grosse croix rose toujours pendue à son cou, qui leur assenait des coups bien envoyés par son verbe tranchant et surtout dont le vocabulaire était au-dessus de la moyenne comparativement à celui des jeunes de son âge. Ce qui m'amusait énormément. Au moins, je n'étais plus «la villageoise» depuis belle lurette. Rires.

J'étais désormais reconnue au Lycée pour ma rigueur, mon sérieux, mon sens des responsabilités en tant que leader d'un mouvement catholique et surtout pour ma foi avec laquelle je ne badinais pas. D'autant plus que cette année-là, la Campagne Nationale de la JEC était « la lutte contre la tricherie en milieu scolaire ». On déchaînait les passions à chaque passage dans les classes. Mon speech était volontairement tranchant, provocateur dans le but de choquer l'auditoire et éradiquer « ce mal » de notre établissement. Comme on pouvait s'y attendre, nous n'étions plus les bienvenus. La plupart des élèves nous charriait pour le fait qu'on dénonçait une pratique jugée très courante et bien établie depuis des lustres. On se devait donc d'être de véritables modèles. Sur ce plan-là, heureusement, je n'avais rien à me reprocher.

Ma relation avec mon Meilleur Ami aussi se déroulait à merveille. Pendant les vacances scolaires, je participais au camp diocésain de la JEC qui rassemblait, tous les ans, les Jécistes du Diocèse pendant une semaine autour d'un thème spécifique. C'était aussi le lieu pour les différents bureaux de sections dont le nôtre de présenter son bilan annuel d'activités. Ce qui suscitait beaucoup de stress dû à la charge de travail, certes, mais, aussi et surtout, énormément d'excitation. Je garde de très beaux souvenirs de mes années JEC. Elle, la JEC, m'a tant donné : des frères, des sœurs mais pas seulement. C'est à la JEC que j'ai aiguisé mon sens du leadership, de l'organisation, du service des autres, de mon engagement dans la communauté, mon intérêt pour les échanges d'idées, les débats intellectuels sur des sujets divergents : une vraie école au sein de l'école. Je ne pourrai jamais rendre à ce Mouvement tout ce qu'il m'a apporté. Je voudrais donc ici et maintenant encourager tous les élèves et étudiants catholiques à y adhérer massivement.

Hormis la JEC, un soir par semaine, j'étais également assidue à la prière du Renouveau Charismatique, un Mouvement de prières au sein de l'Église Catholique axé sur la présence du Saint-Esprit. À la différence de la JEC, au Renouveau Charismatique, on laissait beaucoup plus de place à la prière, au partage de la Parole de Dieu et surtout aux manifestations du Saint-Esprit, même si cela restait très encadré par le clergé diocésain, pour, dit-on, « éviter tout débordement ». Tout compte fait, cela me procurait également une joie profonde de participer aux réunions de prières du Renouveau car cela me permettait d'approfondir ma connaissance du Seigneur au plan spirituel… C'est au Renouveau Charismatique que je vécus ma première expérience surnaturelle. Un soir, pendant l'adoration, je fus tellement chargée de la présence du Seigneur que je crus que j'allais m'évanouir. J'entendais un cri strident dans mes oreilles pendant que je transpirais à grosses gouttes alors que l'on chantait le refrain « *oui prend tout Seigneur…* » Et intérieurement, je suppliais le Seigneur de ne pas permettre que je tombe devant tout le monde. En effet, j'avais toujours détesté le fait que les gens tombaient sous l'effusion du Saint-Esprit et « se donnaient en spectacle » selon moi. Je ne voulais donc pas en faire partie. Et le Seigneur m'entendit, car, malgré le fait que je ne me sentais plus en contrôle de mon corps, je ne tombai pas. À la fin de la prière, je fis part de mon expérience au Berger du groupe qui me rassura et m'expliqua que c'était juste une visitation du Seigneur pour me dire qu'Il était là. Ouf ! Rires. Quoi qu'il en soit, je sortais toujours de ces moments de prières transformée, débordante de joie et chantant des cantiques à tue-tête malgré l'heure tardive, en parcourant les 45 minutes de marche qui me menaient de l'église à ma maison. Grâce au Renouveau Charismatique, j'expérimentais la « Joie du

Seigneur» et cela me procurait un bien immense. J'étais de plus en plus épanouie.

Également, je dois mentionner que, de l'âge de treize ans jusqu'à mes quinze-seize ans, notre «maman» (la femme de mon père) nous emmenait à la Mariapolis : un camp de vacances organisé par le Focolari, un Mouvement œcuménique catholique qui accueillait dans la joie et la bonne humeur des familles de divers horizons, indépendamment de leurs croyances et religions. À ces camps, nous expérimentions le vivre-ensemble dans les simples choses de la vie, sur la base de la Parole de Dieu : «*aimer ton prochain comme toi-même*», «*aimer en premier*», «*faire aux autres ce que tu aimerais qu'on te fasse*», etc.

Aimer l'autre sans a priori, accepter l'autre dans sa différence devenait si facile durant ces camps et il y soufflait un tel vent d'amour que nous revenions toujours de la Mariapolis transformés; enfin, en attendant que le train-train quotidien reprenne le dessus. Et c'était avec beaucoup d'impatience que nous attendions les grandes vacances pour pouvoir retrouver nos anciens compagnons de camps et nous faire également de nouveaux amis. Cela a certainement contribué également à poser les bases de la soif de Dieu grandissante dans mon cœur. Cette autre famille dans la foi m'a d'ailleurs énormément aidé à garder les pieds en Christ lorsque je fus confrontée, quelques années plus tard, aux dures réalités de la vie dans une grande ville comme Abidjan.

J'allais déjà sur mes dix-huit ans et les relations filles-garçons étaient le cadet de mes soucis. Là où les filles de mon âge avaient en majorité des p'tits copains, moi je trouvais ma joie dans l'expression de ma foi. Tout ce qui m'intéressait, c'était cette relation grandissante avec mon Jésus, mon Meilleur Ami. Je me métamorphosais sur tous les aspects de ma vie et j'en étais la première émerveillée.

Ma soif du Seigneur ne cessait de croître et il n'y avait que Lui pour l'étancher. Au point où, les dimanches, je participais aux deux messes de la paroisse, l'une à la suite de l'autre. Tout se passait comme s'il me fallait me saturer *des choses de Dieu*, pour combler les manques de ma vie... Je prenais tellement la messe au sérieux que je mettais un point d'honneur à retenir les références bibliques sur lesquelles le prêtre avait basé son homélie afin de les méditer chez moi durant la semaine.

Dans cette quête intense du Seigneur, j'avais également commencé mes visites privées au Saint-Sacrement une à deux fois par semaine : nos fameux rendez-vous «cœur à cœur avec mon Meilleur Ami», juste Lui et moi enfermés dans l'église! Ah comme je chérissais ces moments-là! Je me sentais si privilégiée d'avoir le Seigneur rien que pour moi dans cette vaste église vide. Et ce, grâce à l'aimable complicité du Père Mazenod qui m'autorisait cet insigne honneur. Je restais là, couchée sur la natte devant le Tabernacle, seule avec mon Meilleur Ami dans cette imposante bâtisse! Quel Bonheur, quel privilège! Et c'est toujours d'un pas léger que je me rendais à ces rendez-vous!

Mes parents ne me reconnaissaient plus : moi qui avais toujours eu une mine boudeuse, je passais le plus clair de mon temps à chanter des cantiques le visage radieux, je tenais désormais compte de toutes les remarques qu'ils me faisaient et je participais aux tâches ménagères spontanément.

Cependant, au bout d'un certain temps, j'étais si souvent à l'église et aux réunions de prières que mon père commençait même à douter de mes sorties. Je me rappelle qu'un soir, je revenais d'une réunion CEB (Communauté Ecclésiastique de Base) de mon quartier qui avait duré plus tard qu'à l'accoutumée et j'étais arrivée chez moi à 23 heures. Mon père m'attendait devant le portail. Malgré mes explications, il ne croyait pas que je venais d'une réunion de prières. Il en profita pour me sortir son sempiternel : «*on n'apprend pas à faire la grimace à un vieux singe*» et me demanda de retourner d'où je venais. Il était convaincu que je venais de faire les *quatre-cent-coups* comme mes grandes sœurs l'y avaient habitué. Je n'eus mon salut que grâce à l'intervention des papas du quartier avec qui j'étais à la rencontre. Ils vinrent attester que j'étais à la prière chez l'un des leurs. Et mon père accepta enfin de me laisser rentrer à la maison.

À partir de ce moment-là, j'étais pleinement et officiellement reconnue comme la «fille de Jésus». Rires

Tout le monde me prédisait une vie de nonne. Alors, ce qui devait arriver, arriva.

Je me réveillai un matin avec le fort désir de servir le Seigneur dans le Noviciat. Cette idée me hantait de plus en plus : je ressentais fortement le désir d'être religieuse, d'entrer dans les ordres. Cela me troublait énormément. Pour autant, je n'avais pas la conviction que cela venait du Seigneur, que c'était Sa volonté pour moi... Alors j'entrepris de me confier à J-C, l'ancien responsable JEC qui était devenu un membre influent du Renouveau Charismatique.

«Rendez à César ce qui appartient à César» : J-C!

Je ne l'ai pas suffisamment souligné, mais rétrospectivement, je dois avouer que c'est grâce au zèle de J-C pour le Seigneur que j'ai moi aussi eu envie de prendre ma relation avec Lui très au sérieux. En effet, près de deux ans en arrière, alors que je m'éveillais à la foi, j'avais été fortement intriguée par ce jeune homme, élève en classe de Terminale C (l'équivalent du Sec 5 au Québec, option Mathématiques) mais tellement amoureux de Jésus! Malgré son jeune âge, il était dans presque tous les groupes de la paroisse, et très souvent le seul jeune au milieu des adultes. Chorale, Renouveau Charismatique, Conseil Paroissial et j'en passe. Et sa passion pour le Christ était si visible! Je ne cessais pas de me demander comment cela était possible. Je me trouvais déjà à mon humble niveau assez bizarre en tant qu'ado d'avoir une telle relation étroite avec le Seigneur mais là, J-C surpassait de très loin tout ce que je m'imaginais. Et instinctivement, j'eus envie de le connaître plus, de me rapprocher de lui pour être impactée par son zèle pour la maison du Seigneur. Un soir, après la prière du Renouveau (j'avais demandé au Seigneur de m'en donner le courage car j'étais encore très réservée à cette époque), je pris mon courage à deux mains et je l'accostai pour lui faire part de mon admiration et demander si on pouvait être amis. C'est ainsi qu'avait débuté ma relation fraternelle avec J-C, qui devenait du coup mon grand-frère dans la foi.

Alors, lorsque je ressentis ce désir si fort de servir le Seigneur en tant que religieuse, après la messe dédiée aux vocations, ce fut tout naturellement que je me confiai à J-C pour demander s'il avait déjà été confronté à cet appel. Je ne voulais pas en parler au Père Mazenod, parce que j'avais le sentiment qu'en tant que représentant de l'Église, sa position s'en trouverait biaisée. Et je ne voulais pas prendre une décision *sous influence*. J-C représentait donc l'interlocuteur idéal pour moi.

Et il fut effectivement à la hauteur de mes attentes. Il m'écouta attentivement puis il me rassura en ces termes : « en tant que Catholique, vivant ta foi à un tel niveau de soif du Seigneur, il est tout à fait normal que tu en arrives à ce questionnement. » Puis il ajouta que c'était un processus normal dans mon cheminement. Lui-même avait été confronté à cette réalité à un moment donné de son parcours dans la foi. Il avait alors pris un temps de prières pour sonder son désir devant le Seigneur. Et au final, il avait clairement reçu que ce n'était pas là son appel. Il m'avait donc encouragée à faire de même, à prendre un temps de discernement avec le Seigneur en me référant à 1 Sam 3, 1-15.

Le fait qu'il ait normalisé la situation m'avait énormément soulagée. Je résolus donc de faire exactement ce qu'il m'avait dit et après un moment de prières bien intenses, de méditation et d'écoute du Seigneur, je discernai clairement que mon Maître ne m'attendait pas là. En fait, le Seigneur me rappela même un vœu que je lui avais fait deux ans auparavant. J'étais, à l'époque, très admirative d'un couple de professeurs du collège catholique où je fréquentais. Ce couple servait le Seigneur ensemble au Renouveau Charismatique et je Lui avais dit que s'Il m'accordait la grâce de me marier un jour, mon mari et moi le servirions de cette façon. Une telle paix m'envahit après cela que je sus que c'était là la volonté du Seigneur pour moi.

Cela venait donc clore définitivement le chapitre de ma potentielle vocation comme religieuse.

En tant que chrétiens, il est primordial de savoir identifier la voix du Maître, de même que Ses voies et Son plan parfait pour nous. Sinon, nous sommes hors du but, autrement dit, dans le péché, et donc disqualifiés pour la couronne : bonjour la catastrophe !

Cet épisode au sujet de ce vœu à l'Éternel est très important pour comprendre mes choix en ce qui concerne mon mariage, une dizaine d'années plus tard.

C'est, d'ailleurs, ce que je vais aborder dans les prochains chapitres.

CHAPITRE 3 :

les bases, les fondations de mon mariage

Vous l'auriez donc compris, ma relation « amoureuse » avec le Seigneur date de l'adolescence. Au moment où, en quête de mon identité en tant que jeune fille, remplie du fiel de mon histoire personnelle et familiale, je fis la plus belle rencontre de toute mon existence : Jésus-Christ de Nazareth, mon meilleur Ami, mon Confident, mon Conseiller, mon Pote ! Grâce à cette relation solide et rassurante, j'avais pleinement saisi Sa volonté profonde pour ma destinée : Le servir et Le glorifier à travers mon mariage. J'avancerais donc sereinement vers ce but !

Après mon Baccalauréat (diplôme de fin de cycle du secondaire), je partis continuer mes études supérieures à Abidjan, la capitale économique. Jusqu'ici, j'avais évolué dans un environnement connu, entouré de personnes merveilleuses, ma famille, mes frères et sœurs de la JEC, mes amis, mon conseiller spirituel, le père Jean Mazenod, mon grand-frère dans la foi, J-C, bref, un monde connu, équilibré.

Débarquer à Abidjan, une grande métropole, avec ses réalités propres, fut assez déstabilisant pour cette jeune croyante-intello-hyper-structurée. Malgré mes efforts pour rester scotchée *aux choses de Dieu*, je finis par flancher. J'avais pourtant intégré le Bureau National de la JEC en tant que collaboratrice, ce qui me plaçait favorite pour l'obtention d'un poste attitré dans le Bureau aux prochaines élections. Et malgré cela, j'avais perdu mes repères. Je n'éprouvais plus le même plaisir à être dans ce Mouvement qui m'avait tant donné. Tout se passait comme si je n'y trouvais plus d'intérêt, comme si mon monde ancien avait disparu pour laisser place à un nouveau dans lequel je devais tout construire pièce par pièce. Je n'en comprenais pas les codes et je ne me l'expliquais pas. C'était juste ainsi. Pendant ce temps, je voyais impuissante ma liste de «dix péchés capitaux» s'égrener les uns après les autres.

De fait, ma dernière année de lycée avait été assez tumultueuse, remplie de yoyos, déstabilisée par un béguin bancal dont j'avais été la première surprise et qui avait été une expérience entre honte et dégoût. Cette première incursion dans le monde des sentiments amoureux avait été une expérience complètement calamiteuse qui n'aurait jamais dû être. Au point où, quelques années plus tard, je n'eus pas besoin qu'on m'expliquât ce verset de Cantique des Cantiques 2,7, tant il s'adaptait à cette période de ma vie : «*Ne réveillez pas l'amour, avant qu'elle le veuille*»

Au demeurant, cela fut une belle leçon de la vie pour m'apprendre que je n'étais pas mieux que les jeunes filles aux mœurs dépravées que je regardais de haut durant toutes mes années de «jeune fille modèle dans la Foi». Comme pour l'Apôtre Paul, ce fut une «*écharde dans mon bras*» (2Cor12,7), pour m'apprendre l'humilité et me contraindre à faire profil bas!

Sur le plan académique, mes études en Tourisme se déroulaient bien dans l'ensemble. Je bénéficiais d'une bourse de l'État et avais été affectée dans l'une des plus prestigieuses écoles de formations professionnelles de la Capitale.

Sur le plan financier, par contre, c'était loin d'être reluisant. J'avais aménagé au Campus universitaire où je sous-louais une chambre et mon budget mensuel dépassait de loin l'enveloppe que mon père m'allouait. Résultat : je passais la moitié du mois le ventre vide, me coltinant de temps en temps le repas de mes bonnes copines de classe. C'était une période assez difficile où ma foi était grandement éprouvée car le campus universitaire était le théâtre de nombreuses tentations. En effet, la plupart des filles sur mon palier étaient en relation amoureuse avec des «grottos» (des pères de famille nantis) qui assuraient leur pitance. Je les voyais arriver les bras chargés de sacs d'épicerie pour leurs «chéries» dont le frigo était toujours garni tandis que moi, «la religieuse», je manquais de pain. Tout se passait comme si ma machine était rayée. Ce qui avait si bien fonctionné jusque-là, tout d'un coup, devenait grippé : ça ne marchait plus du tout.

Alors après deux ans de souffrance, je commençai à remettre en cause mes croyances, ma foi. Même si je n'osais pas franchir abruptement les limites que je m'étais fixées, je surfais maintenant sur ces limites. Moi, l'adepte du «pari pascalien»[2], je me surprenais à adopter le «cogito ergo sum», le célèbre «je pense donc je suis»

[2] Le fameux «pari» de Blaise Pascal (1623-1662) stipulait, en substances, qu'il valait mieux prendre le pari que Dieu existe et vivre saintement sur terre. De sorte que si, après la mort, il s'avérait que Dieu n'existât pas, on aurait quand même gagné à vivre une vie de sainteté qui nous aurait fait du bien sur terre. Mais si au contraire Dieu, le Paradis et l'Enfer existaient alors on se serait pris un ticket pour le Paradis et éviter ainsi les châtiments réservés aux incrédules.

de Descartes[3] qui faisait l'objet de débats durant nos cours de Philosophie en Terminale littéraire.

Je me souviens particulièrement d'un événement qui va marquer le point de non-retour dans cette nouvelle posture, le fameux élément déclencheur.

C'était un dimanche : j'avais décidé de prendre au mot la parole de Dieu en mettant «*à l'épreuve l'Éternel*» comme il est prescrit dans Malachie 3,10. Par conséquent, je mis ma dernière pièce de 100 FCFA dans la quête au cours de la messe en me disant «le Seigneur pourvoira». Grand mal m'en prit!

Je dus non seulement faire une heure de marche pour rentrer au campus mais, en plus, je restai le ventre creux jusqu'au lendemain. C'en était trop! C'était la goutte d'eau qui fit déborder le vase. Je décidai illico de faire comme Descartes et douter de tout ce que je croyais jusqu'alors. Et je m'autorisai enfin, sur le tard, les essais-erreurs que j'avais évités durant toute mon adolescence...

Toutefois, par Sa grâce, je ne reniai jamais le Seigneur ni Son existence. Il faut croire que la fondation de notre relation solidement bâtie durant mon adolescence était indéboulonnable. Comme me le criera l'Ennemi de nos âmes des années plus tard à Douala (Cameroun) : «*Je veux lui faire du mal mais la jeune fille [c'est-à-dire moi], celle qui aimait si profondément le Seigneur, est constamment devant le trône de Dieu et je n'y arrive pas!*»

---

[3] Célèbre pensée de René Descartes (1596-1650) qui consiste à réfuter tout ce qu'on sait, à douter de tout dans le but de trouver la vérité. Dans cette démarche, Descartes a pu prouver qu'il pouvait douter de tout sauf de sa propre existence, en tant que sujet pensant. D'où le fameux «je pense donc je suis».

Gloire soit rendue au Seigneur qui permit à cette jeune fille de Le connaître si intimement ! ALLÉLUIA !

Ainsi donc, durant cette période sombre de ma foi, le Seigneur Lui n'avait pas bougé d'un iota. Et lorsque le danger était imminent, Sa main divine intervenait silencieusement mais efficacement.

Parmi les nombreuses preuves de sa présence dont je pus bénéficier, celle-ci fut un épisode assez loquace :

J'avais un voyage d'études en vue. Le délai de paiement avançait à grands pas et je n'avais pas encore payé ma participation. Mon père, à la retraite depuis quelques années déjà, m'avait prévenue qu'il ne pourrait pas y faire face. En désespoir de cause, je me résolus à contacter un «pointeur» (dragueur), un chef d'agence de voyages qui me courait après depuis plus d'un an. Je savais qu'il était très risqué de le solliciter car je connaissais ses intentions et pourtant… Ne dit-on pas qu'à l'impossible nul n'est tenu ?

Il était si heureux que je l'aie appelé. Il me fixa un rendez-vous le soir même. Il ne voulait certainement pas prendre le risque de me voir changer d'avis… Lorsque je le retrouvai au lieu du rendez-vous ce soir-là, il me regarda longuement et me demanda ce qui m'avait fait changer d'avis. Je lui répondis que j'avais vraiment besoin d'aide et je ne savais pas vers qui me tourner. Il me rassura qu'il n'y avait pas de problème, qu'il me donnerait l'argent à condition qu'on allât «se reposer». Alors que je le regardais surprise, il rajouta d'un air malicieux : «il y a des chambres ici». Je tombais des nues. Et moi qui me réjouissais intérieurement de ce qu'on était dans un maquis (un restaurant à ciel ouvert) ! Je ne savais pas qu'il y avait des chambres attenantes au maquis. Je commençais à réaliser avec horreur l'énormité de la situation et je me demandais intérieurement comment j'allais me sortir de ce mauvais pas. J'étais vraiment morte de trouille à l'intérieur de moi, même si j'essayais de garder mon calme. Il avait dû s'en rendre compte car au moment où, après des minutes de réflexion qui me parurent une éternité, je m'apprêtais à lui dire «ok», il me tendit la somme demandée en marmonnant le sourire en coin : «rentre chez toi avant que je change d'avis!» Interloquée et tremblotante, je pris l'argent et me précipitai vers la sortie tout en le remerciant bruyamment.

Le Seigneur venait de prendre compassion de moi car, de moi-même, j'avais déjà échoué au test... Je ne revis plus ce monsieur mais je vécus bien d'autres expériences du genre où la Protection du Seigneur m'avait été toute suffisante...

C'est lorsque j'obtins mon admissibilité au BTS (Brevet Technicien Supérieur, l'équivalent du DEC Professionnel au Québec), que je mesurai vraiment l'ampleur de la Main du Seigneur sur ma vie. Pendant les trois ans qu'a duré ma formation, je n'arrêtais pas de me demander comment j'arriverais à obtenir un stage pour valider mon diplôme. Je ne connaissais personne dans ce secteur et de ce que je compris, il en fallait si on voulait s'en sortir dans une ville comme Abidjan. J'avais volontairement rayé le seul Directeur d'agence de voyages que je connaissais de mon maigre carnet d'adresses, après l'incident du maquis-restau. Donc je n'arrêtais pas de dire au Seigneur entre deux soupirs, presque d'une voix inaudible : «je n'ai que Toi.» Et vous savez quoi? Il a assuré!

Non seulement j'étais parmi les trois meilleurs de ma promotion, avec à la clé un billet d'avion offert par notre parrain (billet que je m'empressai de revendre dès que j'en eus l'occasion), mais en plus j'avais été l'une des premières à bénéficier d'un stage dans l'agence de voyages d'affaires la plus cotée de la capitale et dont le siège était basé à Paris ! Un exploit pour l'ex-villageoise devenue citadine ! Il n'y avait que le Seigneur pour me réserver un tel piston !

De plus, après six mois de stage non-rémunéré, le Directeur très satisfait de mon rendement décida de nous offrir, à moi et à mes deux autres collègues, une belle prime de stage, non prévue au contrat : un vrai miracle ! Et pour couronner le tout, quelques mois plus tard, lorsqu'un poste de réceptionniste se libéra dans cette agence, c'est encore à moi qu'il fut proposé, avec à la clé des possibilités d'évolution vers mon métier d'agent-billettiste. La totale ! C'était comme si le Seigneur essuyait mes larmes après les années de désert subies durant ma vie estudiantine. Donc, sur le plan professionnel et même financier, dans une commune mesure, tout allait bien.

En revanche, sur le plan affectif, c'était l'entame d'un désert. Et plus j'essayais de m'en sortir, plus je m'embourbais. Plusieurs expériences me conduisirent dans des sentiers battus, loin de mon idéal et un matin, je finis par constater que j'étais passée au travers de toute ma liste de « dix péchés capitaux » et qu'aucun d'eux n'avait été épargné ! Puisqu'ils étaient classés du « moins grave » au « pire », je me trouvais vraiment pitoyable au final. Je ne me pardonnais surtout pas le dixième.

En fait, dans ma logique humaine, je me qualifiais de monstre et je m'auto-flagellais quand cela arriva. Pis : je me vouais moi-même à la potence ! Et si moi-même, je n'arrivais pas à me pardonner ce que j'avais fait, comment le Seigneur le pouvait-Il ? Alors j'oscillais entre honte et dégoût de moi-même. D'ailleurs, la maladie qui m'avait clouée au lit dans la foulée était une sentence bien méritée…

CHAPITRE 4 :

Ma rencontre avec «le Dieu du Nouveau Testament»

J'étais donc en arrêt-maladie depuis plus d'une semaine déjà. Je refusais de me nourrir ou même de dormir dans mon lit et je ne faisais que pleurer. Une nuit, alors que j'étais en plein délire, couchée à même le sol de mon salon, j'entendis distinctement la voix de mon Seigneur. Eh oui! Depuis notre réconciliation après «la crise selon Descartes», Il ne se révélait plus à moi comme mon Meilleur Ami mais plutôt comme «mon Seigneur». Alors, cette nuit-là disais-je, j'entendis le Seigneur m'appeler clairement par mon nom et me demander d'ouvrir ma bible. C'était, entre autres, ce mode opératoire qu'Il utilisait depuis des années pour me parler au travers de Sa Parole : sur Son ordre, j'ouvrais la bible «à tout hasard» et cela tombait exactement sur le passage qu'Il voulait me faire lire, en réponse à ma demande. Donc cette nuit-là, lorsqu'Il me dit «ouvre ta bible», je savais qu'Il voulait me faire lire un passage. J'obéis donc. À ma grande surprise, et pour la première fois en près de dix ans de pratique, je tombai sur les deux pages blanches de ma bible Louis Segond :

- La page de gauche complètement vierge, sans aucune écriture.

- Sur la page de droite, il était écrit : «nouveau testament»

Étonnée, je commençai à me dire intérieurement : «Mais il n'y a rien sur cette page! ce doit être une erreur.» Au moment où je m'apprêtais à refermer la Bible, le Seigneur m'arrêta et me dit : «Tu ne comprends rien?» Je répondis «non». Il reprit : «Tu ne comprends vraiment rien?» Je Lui répondis encore «non, je ne comprends pas : il y a aucun verset sur cette page». Et là, Il sourit et me dit :

— «La page de gauche représente ton ancien testament. Elle est vierge car j'ai tout effacé. Ton ancien Testament, ton passé, ce que tu as fait jusqu'à présent n'existe plus!»

— «La page de droite où il est marqué «nouveau Testament» représente ta nouvelle vie. Celle que tu vas commencer à écrire à partir de maintenant. Mais sache que je serai plus exigeant avec toi à l'avenir. Alors veille à y écrire les meilleures choses.»

Dès que le Seigneur eut fini son exposé, j'éclatai en sanglots, saisie par un profond sentiment de repentance mêlé à une gratitude infinie.

Alors, pendant que je lui demandais pardon encore et encore, en larmes, Lui me répondait : «Mais tu veux que je te pardonne quoi au fait? Je ne sais même pas de quoi tu parles», comme pour me confirmer qu'Il avait vraiment passé l'éponge.

Cependant, le plus dur pour moi était de me pardonner à moi-même. Il semble que j'étais plus sévère que le Seigneur car en réalisant la portée de Son geste, mon esprit humain n'arrivait pas à l'accepter : je trouvais que c'était trop facile! Le «dixième péché capital» était, dans mon entendement, le plus grave de tous. Il méritait donc potence ! Comment pouvait-il me le pardonner aussi simplement ? Je n'en revenais juste pas.

Le lendemain soir, un Pasteur, avec qui je priais souvent, arriva chez moi. À ce stade, il est important de préciser que par des concours de circonstances et par rapport aux exigences de ma relation personnelle avec le Seigneur, Il m'avait dirigé vers la foi évangélique. Je « persévérais » donc beaucoup plus avec des frères et sœurs évangéliques même si je n'avais pas encore officiellement fait mon « coming-out », pour emprunter cette célèbre expression. Ce qui expliquait la venue de ce Pasteur.

Pour autant, j'étais surprise de le voir car depuis le début de cette « crise », je m'étais retirée de tout et de tous. Je vivais recluse chez moi. Après les formalités d'usage, le Pasteur alla droit au but : « Martine, je ne sais pas ce que tu as fait au Seigneur hein. Mais Il m'a envoyé te dire ceci : Il te pardonne mais qu'Il ne t'y reprenne plus ! Tu n'as en quelque sorte plus droit à l'erreur… Il te pardonne mais ne recommence plus ! Je ne sais pas ce que tu Lui as fait mais ce qu'Il m'a dit de te dire. », insista-t-il. Et moi de lui répondre : « message reçu 5/5 Pasteur. Je sais… » d'un air grave et coupable. Mais, dans le même temps, j'étais saisie de crainte et reconnaissante à mon Seigneur car Il venait ainsi de confirmer, par Son messager, ce qu'Il m'avait dit la veille.

Cet épisode me rappela un passage de la bible : le prophète Nathan envoyé vers le roi David à la suite de son péché d'adultère et de meurtre sur la personne de Urie le Héthien (2Sam, 12).

Je réalisai toute la profondeur de la Grâce infinie de Dieu sur ma vie. Et je compris instinctivement ce que la femme adultère (Jn8,1-11) avait ressenti lorsqu'elle fut amenée à Jésus pour être lapidée et qu'Il la sauva d'une mort certaine : elle se voyait déjà au bord du précipice. Puis, au moment où elle allait y glisser, de nulle part, une main la saisit et la ramena à la vie. Quelques secondes plus tôt, elle se voyait morte et la seconde d'après elle était encore en vie!

Quelle Grâce! Quel Bonheur inespéré! Une telle personne perd instantanément jusqu'au goût même du péché. Elle ne peut plus être la même. Plus tard, j'eus la confirmation de tout cela à travers l'Épitre aux Romains dans lequel l'Apôtre Paul l'explique très bien! Je vous exhorte d'ailleurs à (re)lire tout le Livre de Romains pour saisir toute la quintessence du Message de la Grâce.

Et comme pour me montrer davantage Son Amour immense pour moi, un jour après ces échanges, je reçus un coup de fil de la multinationale européenne où j'avais postulé quelques semaines auparavant : j'étais retenue pour le poste, parmi d'excellents candidats dont certains, beaucoup plus expérimentés que moi, avaient un CV hyper-impressionnant. Waouh! *Les choses de Dieu!*

Inutile de vous dire qu'à partir de là, je m'étais remise en mode «la religieuse» dans un love coller-serrer avec mon premier Amour.

CHAPITRE 5 :

Une vie de Grâces!

Après trois mois d'essai concluants, ma première affectation à l'international était au bureau régional du Cameroun en Afrique Centrale, un pays complètement inconnu pour moi. J'étais en expatriation à vingt-huit ans! J'étais jeune, belle et j'avais le vent en poupe... Mais ma meilleure routine était «hôtel – boulot – hôtel – Méditations et Prières». Et j'aimais cette routine établie par moi... en toute liberté!

Les dimanches, je retrouvais le Seigneur dans nos séances cœur-à-cœur, des moments intenses qui duraient trois à quatre heures de temps, pas de télé, pas de sortie : rien que Lui et moi dans cette chambre d'hôtel. C'est dans ces moments d'intimité profonde qu'Il me fit écrire, jusque dans les moindres détails, les instructions et enseignements que je recevais directement de Lui au sujet de mon futur mariage : la Vision de notre mariage comme premier Ministère, mon rôle en tant qu'épouse, l'organisation de la cérémonie (choix et symbolique des couleurs, des hôtesses, de mon témoin, de ma dame de compagnie, du MC, du lieu de la cérémonie), etc. Et tout ça, sans aucun fiancé à l'horizon!

Je séjournai trois mois dans cet hôtel à Douala, avec quelques brefs séjours par intermittence à Yaoundé, sans aucune relation véritable hormis mes collègues du bureau du Cameroun et mes étudiants, des professionnels des agences de voyages que je recevais en formation.

Il faut dire qu'avant l'épisode du « dixième péché capital », tous les groupes de prières que je fréquentais en Côte d'ivoire (catholiques ou évangéliques) savaient que l'unique sujet pour lequel Martine priait était le mariage. Au point où j'étais même agacée quand le Seigneur me bénissait professionnellement. Eh oui ! Tout ça pour dire que la semence était déjà là : je soupirais après le mariage. Toutefois, J'avais besoin que le Seigneur défriche et dissocie l'ivraie du blé, surtout après les graves erreurs d'interprétation que j'avais commises par le passé et qui m'avaient conduite au fameux dixième péché.

J'étais donc en formation auprès du Seigneur durant ces trois mois à l'hôtel. Alors, lorsque après trois mois, mon employeur me signifia trois semaines de préavis pour me trouver un domicile permanent à Douala, j'étais en mode panique. Pour quiconque connaît Douala, à cette époque-là (début des années 2000), trouver un logement en un claquement de doigts, surtout pour un étranger, relevait d'une véritable gageure. De plus, je ne connaissais pas vraiment la ville : comment arriver à me débrouiller toute seule pour accomplir un tel exploit en si peu de temps ? Évidemment, dans l'angoisse, je me confiai au Seigneur qui me rappela Son Alliance de Fidélité envers moi, me ramenant à l'épisode de cette matinée-là où, à neuf ans, je marchais toute seule en pleine forêt et comment Il m'avait protégée. Puis, Il me montra clairement à qui demander de l'aide : D.M. Il s'agissait d'une jeune dame qui avait participé à l'une de mes formations et avec qui j'avais eu quelques mots çà et là, sans plus. Le Seigneur me rassura qu'Il lui avait ordonné de m'aider et qu'elle serait à ma disposition. Donc, je n'avais pas à m'en faire. Exactement comme Il le fit avec la veuve de Sarepta à qui Il ordonna de nourrir son serviteur le prophète Élie (1Rois17,9).

Effectivement, elle fut d'une disponibilité sans faille. Nous parcourûmes Douala dans tous les sens et son aide me fut bien précieuse car elle connaissait les quartiers les plus sécuritaires et ceux à éviter pour une jeune femme seule et étrangère comme moi. Après plusieurs jours de recherche, nous avions fini par trouver une trois pièces (deux chambres-salon) dans le quartier le plus côté de la ville, Bonapriso. Je n'avais pas besoin de deux chambres mais vu le rapport qualité-prix, je m'en accommodai.

Je n'avais pas encore aménagé le logement qu'il me fallait partir en mission de travail à Johannesbourg avec une escale de quelques semaines à Abidjan. C'est donc à elle que j'avais confié la tâche de l'aménagement, ayant pleinement confiance en elle. Après tout, n'est-ce pas le Seigneur qui me l'avait référée ? De plus, durant nos recherches, nous avions appris à nous connaître un peu plus et avions découvert que nous étions de véritables sœurs en Christ, animées toutes les deux par un amour brûlant pour le Seigneur. Au fil du temps, nous étions devenues amies, confidentes, sœurs, bref «*ma mère du Cameroun*» comme elle aimait à le dire de par la différence d'âge. Nous étions surtout devenues des partenaires de prières. Et évidemment, qui dit sujet de prières de Martine, dit *mariage*, alors…

CHAPITRE 6 :

Ma rencontre avec mon « futur mari »

Étant le plus souvent partie en mission trois semaines voire quatre dans le mois, l'appartement commençait à manquer de vie. Alors, quand j'y séjournais, je me sentais mal à l'aise. La solitude me pesait et je me disais que ce serait bien de trouver une colocataire pour occuper la deuxième chambre. C'est tout naturellement que j'en fis part à ma sœur et amie. D.M. me recommanda tout de suite une jeune Française qui était au Cameroun pour un stage en agence de voyages et qui avait d'ailleurs participé à l'une de mes formations au même moment qu'elle. Soulagée, je lui demandai de contacter urgemment cette dernière. Je voulais vraiment briser ma solitude le plus tôt possible. Des semaines passaient et je n'avais toujours pas de suite. Après plusieurs relances, elle m'avoua que la jeune fille ne semblait pas se décider. Par contre, elle avait son jeune frère qui n'avait pas d'occupation et qui était quelqu'un de très serviable, très propre et très respectueux. Il pourrait très bien tenir l'appartement en mon absence et s'assurer que tout soit en ordre. De plus, il était aussi chrétien comme elle, alors on pourrait prier ensemble et avoir des sujets de conversations édifiants. J'avais effectivement déjà vu ce petit frère chez elle à une ou deux occasions. Je lui donnais à vue d'œil, allez dix-huit, dix-neuf ans. Toutefois, j'étais quand même un peu réticente à l'idée d'avoir un jeune homme, fusse-t-il le petit frère de ma copine dans la maison (les vieux réflexes de « la religieuse » et aussi ma méfiance innée envers les garçons reprenaient systématiquement place). De ce fait, je lui demandai de continuer à relancer la Française. Mais après plus d'un mois d'attente, je finis par me résoudre à accepter que son petit frère vienne, à contrecœur.

Les rares fois où j'étais là, j'ai pu constater effectivement que le petit frère était très propre, soigné et que la maison était bien tenue. On prenait les repas ensemble et c'étaient les seuls moments où on pouvait vraiment discuter. Vu qu'il était effectivement chrétien comme sa sœur, on faisait la prière du soir avant que chacun regagne sa chambre. C'étaient des prières brèves. De toute façon, vu mon intimité avec le Seigneur, 5 minutes de prières avec un «inconnu» ne me suffisaient pas. Donc, une fois dans ma chambre, je me mettais à l'aise et je prenais mon «one on one» avec mon Seigneur.

Puis, il y eut ce week-end où étant à Douala, mon amie m'informa que son église organisait une retraite pour les Célibataires. «Bien sûr que je suis intéressée», lui ai-je répondu en riant. Aussitôt, son petit frère manifesta aussi son intérêt d'y aller. Sa sœur et son beau-frère le toisèrent d'un air surpris : «toi aussi tu veux te marier ?» Et lui de dire «mais oui, j'ai vingt-huit ans quand même !» J'étais estomaquée de l'apprendre ! «Quoi ?! Il a vingt-huit ans ?!» Me suis-je écriée intérieurement. J'avais toujours cru qu'il avait moins de vingt ans, tellement il avait l'air d'un jeune garçon. Et surtout, vu la façon dont sa sœur le traitait : c'était le garçon à tout faire pour elle. Et les fois où je mangeais chez elle, pendant que j'étais à table avec son mari et elle, lui, il mangeait à la cuisine. Alors difficile de le considérer comme un adulte dans ces conditions, a fortiori mon promotionnaire d'âge !

Pour autant, mon regard n'avait pas changé sur lui, du moins pas consciemment. Nous étions donc allés à cette retraite ensemble vu qu'on demeurait au même endroit. Mais je continuais à le considérer comme un colocataire, même si avec l'habitude d'être dans le même appartement, on pouvait discuter plus longuement. Et d'ailleurs, mes missions avaient repris de plus belle et je devais me rendre à Paris pour deux semaines. À mon retour, j'en aurais pour une semaine tout au plus à Douala, le temps d'obtenir le visa qui me permettrait d'effectuer ma mission en Angola. Avec un programme aussi chargé, je n'avais pas le temps pour les a priori et les questionnements inutiles. Curieusement, pour la première fois, à l'approche de mon départ pour Paris, je commençai à ressentir une crise d'angoisse sans raison apparente. Un vague à l'âme jusque-là inconnu : mon âme était vraiment triste et j'avais beau chercher dans mon esprit, je ne voyais pas la raison de cet état intérieur. J'entrepris donc d'intercéder en priant en langues. Je savais par expérience que cela était très efficace, surtout quand on ne savait pas vraiment quoi cibler. Comme il est écrit : «*De même aussi l'Esprit nous aide dans notre faiblesse, car nous ne savons pas ce qu'il nous convient de demander dans nos prières. Mais l'Esprit lui-même intercède par des soupirs inexprimables ; et celui qui sonde les cœurs connaît quelle est la pensée de l'Esprit, parce que c'est selon Dieu qu'il intercède en faveur des saints.*» (Ro8,26-27)

Dans ce cas précis, cela aidait certes mais pas pour longtemps car l'angoisse reprenait après un p'tit moment de répit. Bien plus tard, je compris que c'était dû au lien d'attachement d'âme. C'était la première fois que j'expérimentais un tel phénomène.

Le jour de mon départ pour Paris, mon colocataire proposa de m'accompagner à l'aéroport. J'étais surprise, et même un peu agacée j'avoue, parce que je ne voyais pas en quoi ça le concernait. Et d'ailleurs, sa présence n'ajouterait aucune plus-value à mon voyage, d'autant plus qu'il m'accompagnerait dans un taxi que je paierais et que, de surcroît, je devrais lui payer le taxi retour. Ce n'est pas comme s'il m'accompagnait dans sa voiture par exemple. Je trouvais cela un peu absurde tout de même. Mais il insista tellement arguant qu'il voulait juste s'assurer que tout irait bien pour moi que je finis par céder : « bon, il veut juste être gentil alors pourquoi pas ? » me convainquai-je.

Je dois avouer que depuis que j'avais su qu'il avait le même âge que moi, j'étais un peu plus méfiante, sur mes gardes même et je ne voulais pas laisser d'espace à un quelconque quiproquo même si physiquement je ne ressentais aucune attirance pour lui, donc ne me sentais pas particulièrement vulnérable vis-à-vis de lui. Mais, on n'était jamais assez prudent.

Une prière inattendue !

J'étais dans le Sud de la France pour ma formation qualifiante depuis une semaine déjà. Il me fallait être concentrée car il y avait à la clé un certificat d'aptitude professionnelle, obligatoire pour continuer d'exercer ma fonction de formatrice certifiée du logiciel sur lequel je formais les agents de voyages. Mais voilà ! Dès le premier week-end de mon séjour, j'appris par une amie qu'il y avait un énième mariage dans l'église évangélique dont j'étais désormais membre (cela faisait quelques mois que j'avais complètement basculé dans la foi évangélique, après l'épisode de «la Grâce» très précisément.)

La nouvelle du mariage m'avait tellement attristée que je me suis jetée sur mon lit en pleurs. En substance, je me plaignais au Seigneur en disant : «pourquoi elles et pas moi? Qu'est-ce qu'elles ont de plus ces filles qui se marient tous les samedis?» Pour qu'on comprenne bien mon schème de pensées à ce moment-là, je me disais : «depuis près d'un an, j'étais en mode «la religieuse». Pendant les trois mois d'enseignements sur le mariage délivrés par le Seigneur dans cet hôtel de Douala, Il m'avait clairement dit que cela arriverait. Il m'avait même précisé que lorsque je rencontrerais la bonne personne, je la reconnaîtrais. Je n'aurais pas besoin d'un homme de Dieu pour discerner que c'était lui. Et que si un homme de Dieu devrait parler, ce serait pour confirmer ce que je savais déjà. Et puis de toute façon, j'avais arrêté de prier avec la multitude d'hommes de Dieu que je sollicitais pour des prières à cet effet. Je me referais directement au Seigneur désormais. En signe de foi et d'abandon, et aussi par révélation prophétique, j'avais également décidé de ne plus porter de boucles d'oreilles jusqu'au jour de mon mariage. Bref! J'étais prête. Depuis lors, près de douze mois plus tard, j'étais toujours dans l'attente... La solitude commençait à me peser et je me sentais malheureuse de me retrouver seule dans des hôtels de par le monde, fussent-ils des hôtels de luxe!»

Alors ce samedi-là, dans cet hôtel de Sofia Antipolis, je gémissais mon ras-le-bol, ma douleur, devant le Seigneur. C'était l'expression d'un trop-plein.

Et pendant que j'étais en mode lamentations/victimisations, le genre de prières que les chrétiens font en croyant émouvoir le Seigneur, j'entendis clairement la voix ferme du Saint-Esprit me réprimander en ces termes : «non, non, non! Tu ne dois pas prier ainsi! Tu ne sais pas quel prix ces filles-là ont payé pour être là aujourd'hui. Tu ne peux pas te comparer à elles et vouloir être bénies pareillement. Au contraire, dis au Seigneur que tu ne mérites pas de te marier mais qu'Il te fasse Grâce parce que Sa Grâce te suffit. Demande la Grâce du Seigneur.» Et là, je changeai immédiatement mon fusil d'épaule et je commençai à implorer la Grâce de Dieu. J'étais encore plus en larmes parce que je ressentais la puissance de cette prière inspirée. «Qui suis-je moi pour me trouver méritante devant le Seigneur de quoi que ce soit, surtout du mariage? Seule Ta Grâce Seigneur, rien que Ta Grâce...» Je priai ainsi pendant au moins une bonne dizaine de minutes puis j'entendis le Seigneur me dire : «ça va, sèche tes larmes, j'ai entendu tes pleurs. À partir d'aujourd'hui, tu ne pleureras plus jamais au sujet de ton mariage. Observe et tu verras» quand j'entendis ces paroles, comme Anne la mère de Samuel (1Sam2,1-11), mes pleurs cessèrent illico. J'allai dans la salle de bain me (re)faire une petite beauté et descendis dans le hall de l'hôtel, le cœur léger.

À partir de là, je savais que l'affaire était dans le sac mais je ne savais toujours pas avec qui.

Mon séjour se déroula bien dans l'ensemble et je saurais dans quelques jours si j'avais réussi mon examen d'accréditation professionnelle. Dans l'avion de mon vol retour pour Douala, à peine je bouclais ma ceinture de sécurité que j'entendis la voix de Saint-Esprit : «prends un parfum pour ton colocataire quand le free-shop sera ouvert tout à l'heure.» Je fis d'abord mine de ne pas avoir entendu, je m'attachai et je fermai les yeux pour essayer de dormir. Au moment où la vente à bord débuta, rebelote. Là encore, je fis mine de ne pas entendre. Quand j'ouvris les yeux la vente était finie. Ouf ! J'étais contente d'avoir fait la sourde oreille. Mais La voix se faisait encore plus insistante. Excédée, j'obéis et me rendis à l'arrière de l'appareil pour acheter ce parfum… juste par obéissance. Seulement, je décidai d'acheter le parfum le moins cher possible, en termes de rapport quantité-prix. Après tout, pourquoi devrais-je lui offrir un parfum hors de prix ? Déjà que je n'adhérais même pas à l'idée même du projet… Après moult calculs et conversions de l'Euro en FCFA, je m'assurai de prendre un parfum de 100 ml dont le prix était vraiment une bagatelle. Satisfaite, je retournai à mon siège avec le fameux parfum. Ouf ! C'était moins une, le commandant de bord annonçait la descente vers Douala. Des mois plus tard, mon coloc m'avouera que c'était le parfum qu'il rêvait d'avoir depuis belle lurette. La bonne blague ! L'humour du Seigneur : encore *les choses de Dieu* !

Comme il avait promis, mon coloc était à l'aéroport pour m'accueillir. À la maison, tout était propre et ordonné. Il avait même mis la table et un copieux repas était prêt à être dégusté. Elle n'est pas belle la vie ?!

Le lendemain, alors que sa sœur nous rendait visite, j'appris que mon coloc devait se faire baptiser dans deux semaines. Et mon amie de renchérir en se tournant vers moi : « il faut absolument que tu sois là. »

Je déclinai poliment en disant que je ne serais pas à Douala car je repartais dans la foulée pour Luanda, dans une semaine tout au plus, le temps pour moi de recevoir mon passeport que j'avais laissé à l'ambassade de l'Angola en France pour le visa.

Je me réjouissais intérieurement de cette échappatoire mais c'était sans compter avec les voies de Dieu qui sont vraiment insondables…

CHAPITRE 7 :

«*L'offre du Roi*»

Les choses ne se passèrent pas comme prévu...

Comme il était de coutume, le visa de l'Angola devait être pris à Paris par la multinationale pour laquelle je travaillais au Cameroun car elle y avait ses réseaux. Mais à la surprise générale, le visa tardait à être accordé. Résultat : deux semaines plus tard, j'étais encore à Douala et donc impossible de déroger à l'invitation du baptême. Quelques jours après le baptême, le Saint-Esprit me réveilla en pleine nuit pour ma méditation et commença à me parler à travers le «pain quotidien», cette espèce de missel évangélique. Le texte du jour était intitulé «*l'offre du roi*».

À partir de ce texte, Il commença à me parler du coloc, comment Lui, le Seigneur, le voyait. Avec des termes très clairs, il me décrivait son contexte familial, ses forces, ses défis, ses limites et surtout en quoi moi je pouvais combler ses lacunes et l'aider. Ce soir-là, dans le secret de ma chambre, le Seigneur me parla de l'Appel qu'Il avait mis sur la vie de ce jeune homme, qui pour Lui, était comme David (l'homme selon son cœur) et le rôle que j'avais à jouer dans l'accomplissement de cet Appel. De sorte que là où il était faible, moi j'étais forte pour l'aider à réussir. C'était tellement détaillé que ç'en faisait peur. Puis Il finit par conclure que c'est *l'offre* qu'Il avait pour mon mariage. Et il précisa que je n'étais pas obligée de dire oui et que si je refusais cette offre, Il m'en ferait une autre. Toutefois, si je voulais Son avis, à

Lui le Seigneur, c'est ce qu'Il avait pour moi. C'était Son offre pour moi.

À la suite de ces propos qui m'avaient laissée pantoise quelques minutes, je me ressaisis bien vite et mon éternel sens de la répartie reprit le dessus. Comme dans mes habitudes avec le Seigneur, je m'exprimai, j'argumentai, et on discuta. Alors je lui ouvris mon cœur et je Lui parlai de mes réticences, de mes objections face à cette «*offre*».

Première Objection : Je ne l'aime pas (je ne ressens absolument rien pour ce jeune homme, du moins aucun sentiment amoureux). Et toi Seigneur, Tu conviendras avec moi que je ne peux pas épouser un homme que je n'aime pas!

Réponse du Seigneur : qui te parle de te marier à un homme que tu n'aimes pas? Tu ne l'aimes pas encore. C'est différent! Tu viens à peine d'avoir l'information, donne-toi le temps de digérer l'information, tu verras par la suite. Tu l'aimeras mais pas de la façon dont tu crois.

De plus, l'amour que tu dois avoir pour ton mari n'est pas le genre d'amour que tu as vécu jusqu'à présent ou celui dans tes rêves de jeune fille. L'amour que tu auras pour ton mari est un amour qui te gardera lucide, les pieds bien sur terre et la tête sur tes épaules. Et surtout, cet amour ne t'aveuglera pas ni ne te brouillera les idées au point de t'éloigner de Moi, comme cela t'était déjà arrivé à quelques reprises durant ta traversée du désert.

Après une telle réponse, je ne pouvais que rester bouche bée.

Deuxième Objection : Il ne travaille pas. Une des valeurs très profondément ancrées dans mon héritage familial, surtout de par mon modèle paternel, c'est le travail. Comme le dit la parole de Dieu : «*Si quelqu'un ne veut pas travailler, qu'il ne mange pas non plus.*» 2Th3,10

De plus, comme on le dit vulgairement en Côte d'Ivoire : «mon Père ne m'a pas mise à l'école pour que j'entretienne un homme». En effet, dans la société ivoirienne de mon époque, il était très mal vu pour un homme marié de ne pas travailler et de «laisser sa femme ramener le pain à mettre sur la table». Un tel homme n'avait pas le respect de la société : il était tout simplement considéré comme un gigolo.

Bon, il est vrai que dans le cas d'espèce, mon coloc se «débrouillait» comme vendeur dans la pharmacie de son beau-frère mais que pouvaient faire 25 000 ou 50 000FCFA comparés à toutes les charges qu'on aurait? Rien que le loyer de mon appart à Douala faisait 250 000 FCFA!

Réponse du Seigneur : «qu'est-ce que le travail et qui le donne? N'est-ce pas moi? N'est-ce pas moi qui t'ai donné le travail dont tu es si fière aujourd'hui, et ce devant des personnes bien plus méritantes que toi? Et d'ailleurs, ne sais-tu pas que celui qui travaille aujourd'hui peut être sans emploi demain et vice-versa?»

Que répondre après ça sinon, se sentir bien «bête» d'avoir argumenté.

Troisième Objection : c'est un Camerounais et je ne veux pas de Camerounais, vu les mauvais retours que j'ai eus des relations ivoiro-camerounaises dans mon entourage. Ce sont des unions qui se soldent la plupart du temps par des drames. Je ne veux pas subir ça.

Réponse du Seigneur : «chaque histoire est différente. C'est pour cela aussi que je t'ai parlé de lui en détails, de sa vie, de sa famille, de son appel, etc. Et je serai toujours là avec toi, tu ne seras pas seule.»

Là encore, je n'avais pas de réplique.

Quatrième objection : C'est le petit frère de mon amie, que je considère comme une sœur. Je tiens beaucoup à elle et je ne veux pas la perdre. Si un jour pour une raison ou une autre, il y a des problèmes avec son petit frère, il est clair qu'elle va prendre parti pour son frère à mon détriment. Et cela risque de gâcher nos relations.

Réponse du Seigneur : «Que t'importe! S'il y avait à choisir entre ton mari et ta belle-sœur, choisirais-tu ta belle-sœur? Car c'est ce qu'elle deviendra après votre mariage : ta belle-sœur. À toi de voir si la relation avec ta belle-sœur doit prévaloir sur celle avec ton mari. Et d'ailleurs, même sans être ta belle-sœur, votre relation peut quand même se briser. Cela voudra dire tout simplement, que le lien n'était pas si solide que cela.»

Et de 4! pas de réplique... Uppercut, KO!

Et ainsi le Seigneur balaya mes objections les unes après les autres...

Puis, Il me ramena à un songe que j'avais eu un an auparavant. Dans ce songe, *un jeune serviteur de Dieu me demandait en mariage avec insistance. Toutefois, j'hésitais beaucoup à accepter sa demande car je me disais en mon for intérieur : «je n'ai pas envie de vivre dans la misère. Et tout le monde le sait, les hommes de Dieu sont très pauvres donc je ne veux pas souffrir. D'ailleurs, on ne peut pas vivre d'amour et d'eau fraîche» Mais ce serviteur de Dieu insista tellement que je finis par céder et acceptai à contrecœur sa bague : une bague en bronze! Puis, toujours dans le songe, je me voyais très affairée et dynamique dans notre mariage, allant et venant, débordante d'énergie et très impliquée, étant au four et au moulin. Tant et si bien que je ne m'étais même pas rendu compte à quel moment ni comment cette alliance en bronze à mon doigt était devenue… de l'or !*

Ce songe, qui ne souffrait d'aucune interprétation erronée, était très parlant et m'avait fait l'effet d'un choc à l'époque. Il me fait d'ailleurs toujours le même effet quand j'y repense aujourd'hui. En me le rappelant ce soir-là, le Seigneur venait de résumer ce que serait mon mariage et comment j'allais avoir la victoire si j'acceptais le challenge.

Je n'avais plus aucun argument à apporter pour justifier mon refus. Alors je dis au Seigneur dans un dernier souffle, comme Marie après que l'Ange lui eut parlé, mais à ma façon : « **D'accord. Je suis d'accord mais je précise que c'est à Toi que je donne mon « oui » et… à une condition !** »

Eh oui ! Qui me connaît sait que je ne m'avoue pas vaincue aussi facilement. Mais surtout, quand l'on sait la profondeur de mes liens avec le Seigneur l'on peut comprendre mon culot !

Et là, il me semble très important que j'ouvre une large parenthèse pour mieux expliquer la situation.

En effet, il peut sembler absolument prétentieux de ma part d'oser poser des conditions au Tout-Puissant ! Mais si vous avez bien lu l'historique de ma relation avec le Seigneur, vous savez maintenant que j'ai toujours eu une grande « liberté d'expression » avec mon Seigneur, qui a d'ailleurs d'abord été mon Pote avant de devenir mon Seigneur. Donc, sachant cela, cela ne devrait pas vous choquer que je prenne autant d'aise avec Lui. Il me comprend. Avec Lui je me sens libre, libre de m'exprimer, libre de dépasser ce que certains pourraient considérer comme des limites. Je n'ai jamais eu ma langue dans ma poche et je dis toujours ce que je pense. Surtout à cette époque-là, la fougue de la jeunesse aidant. Il est certes vrai que l'expérience de la vie m'a aidé à arrondir les angles et qu'aujourd'hui je m'arrange à trouver la forme pour exploiter le fond. Ce n'était pas le cas à cette époque-là.

Alors, quand il s'agissait de questionner, de réfléchir, bref, d'utiliser son cerveau, je ne m'en privais pas. Je n'avais jamais su m'accommoder des dogmes et autres postulats. J'ai toujours eu besoin de comprendre pour mieux accepter. Et justement, le Maître de l'univers Lui-même ne s'offusque pas qu'on utilise le cerveau qu'Il nous a Lui-même donné à cet effet! C'est le plus grand Démocrate que l'univers ait jamais connu.

Mais encore plus, et surtout, Il détient la vérité donc, Il n'est point choqué que j'utilise le cerveau qu'Il m'a donné pour aller au bout de ce que je crois détenir comme vérité. Il me laisse donc me «vider» et après, Il démonte tranquillement mes pseudo-vérités une par une. Et s'Il peut m'autoriser certaines choses sans excès, Il le fait. Et ce qui est bien dans cette démarche, c'est qu'une fois la vérité intégrée, elle devient si profondément ancrée en moi, si indéboulonnable, que personne ne peut me convaincre du contraire. Et c'est ainsi que je grandis spirituellement et dans ma foi en Christ. C'est ainsi que se sont déroulées mes différentes conversations avec le Seigneur concernant la nécessité d'évoluer vers la foi évangélique. La première fois qu'Il en a fait allusion, j'ai failli m'étrangler : quoi quitter la religion catholique ! Jamais ! Puis, quand Il m'a donné certains arguments dans ce sens, je me suis écriée : « Pourquoi moi ? Tu veux dire que parmi tous ces millions de personnes catholiques dans le monde, c'est moi seule qui devrais... » etc., etc. Et comme toujours, dans ce genre de situation, le Seigneur affiche un sourire bienveillant, calme, attendant que l'orage passe : Il le sait, Il détient la vérité. Et quand on détient la vérité, on ne s'échauffe pas à essayer de convaincre. On laisse juste l'autre faire le bout de chemin qui le sépare de nous. Car oui, si l'autre est suffisamment sincère et ouvert dans sa démarche, il finira par trouver la vérité. Et moi, je l'étais.

Mais je vous le concède, tout de même : il faut une certaine profondeur d'intimité avec Lui pour se permettre de telles aises. Et justement, Lui et moi en avons beaucoup. J'ai vécu tellement de choses avec le Seigneur que ce livre ne pourrait le contenir. Je vous en relate simplement de petits bouts dans l'espoir qu'ils vous aident à comprendre l'objet de ce livre.

CHAPITRE 8 :

Le *deal* avec le Maître

Cette nuit-là, après que le Seigneur ait démonté chacun de mes arguments, je ne pouvais que capituler non sans lui avoir posé une condition. Voici en substance, ce que je Lui dis :

«*C'est Toi que je prie depuis des années afin que je puisse me marier, pas seulement à l'homme de mes rêves mais surtout à l'homme selon ton cœur, comme David. Comment pourrais-je refuser quand Tu me le présentes enfin et que Tu m'assures que c'est lui, celui que j'attendais? Je ne peux que l'accepter.*

Ce n'est pas un homme que j'ai vu passer dans la rue, dont je suis tombée amoureuse et pour lequel je t'ai supplié d'en faire mon époux. Mais c'est Toi, le Maître des cieux et de la terre, de l'univers et de tout ce qu'ils renferment, Toi que je prie pour rencontrer enfin mon futur époux, qui me dis que c'est lui. Qui suis-je pour contester avec le Créateur de l'univers? (Je sais ce que disent les écritures à ce sujet : «malheur à qui conteste avec son créateur!» Es45,9)

Ce jeune homme, je ne l'aime pas, du moins pas comme une femme amoureuse le serait de son fiancé ou de son mari. Lui non plus ne semble absolument pas intéressé par moi. Donc je ne sais pas comment lui et moi en viendrons à parler mariage. Alors, je suis d'accord pour Ton offre mais c'est à Toi que je donne mon «oui», pas à lui. C'est Toi qui seras le garant de cette relation car c'est Toi qui me présentes cet homme qui ne m'intéresse pas a priori. Alors, je ne prierai pas pour l'accomplissement de «la prophétie». Je ne ferai rien dans ce sens non plus, en tout cas pas volontairement. Je ne suis que la femme et c'est Adam qui a vu Ève et l'a déclarée «os et ses os et chair de sa chair» pas l'inverse. Je suis juste curieuse de voir comment cela arrivera.»

Dès que j'eus fini mon discours, le Seigneur me répondit avec empressement : «Très bien! J'accepte tes conditions. Regarde seulement et tu verras. Tu vas être spectatrice du film de ta propre vie et tu y joueras le rôle principal!» J'ai éclaté de rire et nous avons mis fin la discussion.

C'était ainsi que se déroulaient mes conversations avec le Maître de l'univers : Il avait toujours le dernier mot mais ne m'imposait rien. Il me laissait m'exprimer, parfois même faire ma propre expérience. Puis Il était toujours là quand je retrouvais SA vérité là d'où elle n'avait jamais bougé depuis le début. J'aime Sa sérénité, elle me rassure.

Il fut une période de notre relation où Il ne supportait pas de me voir pleurer. J'en usais et abusais à profusion. Jusqu'à l'épisode de Sophia Antipolis, où Il m'arrêta dans mon hérésie manipulatrice, chaque fois que je voulais quelque chose, je savais qu'il suffisait que je commence à couler les larmes et la solution viendrait. Je suis sûre que beaucoup de frères et sœurs dans la Foi ont connu cette période où on était au lait et que «Papa God» était à nos petits soins. Rires. Elle est loin cette époque, aujourd'hui, mais je ne regrette rien, j'en ai bien profité. Re-rires.

Après cette conversation nocturne avec mon Seigneur, dès le lendemain matin, je ne sais pas ce qui s'était passé dans le spirituel mais je ne vis plus mon coloc de la même façon. J'expérimentai comme par miracle le fameux verset illustrant l'amitié entre David et Jonathan : «*Et dès lors l'âme de Jonathan fut attachée à l'âme de David, et Jonathan l'aima comme son âme.*» (1Sam18,1) *Les choses de Dieu!*

CHAPITRE 9 :

Savoir interpréter les signes, les appels de phares du Seigneur – *Les choses de Dieu !*

À partir de là, les choses se sont déroulées effectivement comme dans un film : je voyais le Seigneur assembler les puzzles et moi j'assistais impuissante au déroulement du scénario et au jeu des acteurs ! Sacré Papa God !

Du jour au lendemain, je ne saurais même pas dire comment cela débuta, mon coloc et moi étions subitement devenus complices, discutant des heures et des heures sur des sujets aussi bien génériques que personnels. Et, effectivement, je voyais les qualités dont le Seigneur m'avait parlé mais aussi et surtout les défis. Ils étaient tellement immenses que je me demandais si je pouvais vraiment être l'aide qu'il lui fallait. Je ne les relaterai pas ici, bien sûr, par respect de l'intégrité de mon ex-conjoint.

Une chose est sûre, le Seigneur a assuré Sa part du contrat dans la mise en scène et la réalisation du film «*infiniment au-delà de ce tout ce que nous demandons ou pensons.*» (Eph3,20) *Un vrai Maître d'œuvre !*

Tout d'abord, mon séjour à Douala qui devait être très bref, deux semaines maximum, s'est étendu à deux mois : c'était la première fois depuis mon affectation officielle au Cameroun que je restais à Douala huit semaines d'affilée. Mes employeurs eux-mêmes s'impatientaient de cette lenteur administrative relative à mon visa angolais. Mais qu'y pouvaient-ils? Nous ne pouvions qu'attendre. Le Seigneur m'avait prévenue et Il avait vraiment fait fort sur ce coup...

Pendant ce temps, au plan personnel et affectif, les choses allaient vite. Je me sentais de plus en plus attachée à mon colocataire et même s'il ne m'avait fait aucune déclaration, cela semblait réciproque. Mais je faisais semblant de ne rien voir, restant fidèle à ma posture devant le Seigneur : «je ne ferai rien dans ce sens.»

C'était une expérience vraiment curieuse parce que je savais exactement ce qui se passait mais je m'interdisais de le voir comme tel ou même d'y prendre part sciemment. Certaines fois, je dois avouer que la situation m'amusait beaucoup. C'est exactement comme quand tu as la vraie version d'une histoire alors que l'autre, ne sachant pas que tu l'as, essaie de te la dissimuler. Cela a été ainsi jusqu'à ce que, après deux mois et demi d'attente, le Seigneur libérât enfin mon visa angolais.

J'arrivai en Angola, deux jours après la réception de mon passeport. Mon séjour à Luanda devait durer un mois : j'y suis restée pendant trois mois. Encore *les choses de Dieu*!

Trois mois, c'est le temps que le Seigneur avait prévu pour régler certains problèmes spirituels très profonds chez moi. Il avait mandaté à cet effet un homme de Dieu Congolais résidant à Luanda pour m'accompagner dans ce processus de délivrance. Et par la même occasion, grâce à la bienveillance d'une connexion qu'il avait établie avec une dame rencontrée à mon hôtel, je pus épargner mille dollars pour le mariage de ma sœur qui avait lieu en juillet de cette année-là.

Je ne serais pas honnête si je ne mentionnais pas que le temps me parut très long. Mon coloc me manquait et j'aurais préféré de loin être à Douala qu'à Luanda, fut-il dans un hôtel 5 étoiles. On communiquait beaucoup par Tchat, Yahoo Messenger à l'époque. Et c'est par une après-midi, après plus d'un mois de séjour à Luanda, qu'il va enfin m'avouer ses sentiments et même me parler de mariage, tout de go ! Tout ça dans un seul message. Rires.

Je pouffai de rires et lui répondis ironiquement : « Ouf ! Ce n'est pas trop tôt ! » Nous en avions ri et avions décidé d'un commun accord de n'en parler à personne, pas même à sa sœur, mon amie, jusqu'à ce que nous en discutions plus profondément à mon retour sur Douala. Et c'est ce qui fut fait.

Une fois rentrée à Douala, je pris le temps de discuter ouvertement avec mon coloc de nos sentiments, de ce projet de mariage dont il avait parlé, la vie à deux, etc. Durant ces moments de partages, nous fîmes le constat que le Seigneur avait opéré avec chacun de nous concomitamment. Pendant qu'il me convainquait de *« Son offre »*, Il fit de même avec mon coloc qui, lui aussi, se refusait à croire que je puisse m'intéresser à lui, vu notre différence socio-professionnelle et financière. Le Seigneur avait commencé par le mettre à part en le coupant de son ancienne vie (amis, vices, etc.), puis avait confirmé sa consécration en le faisant passer par les eaux du baptême avant de lui faire *« Son offre »,* à lui aussi. Et enfin, le Seigneur avait dû utiliser de nombreux signes pour le convaincre que c'était possible. Au travers d'un songe, Il lui avait parlé de moi, de ma famille, de quel genre de femme j'étais, de mes valeurs, etc. Et puisque, comme tous les hommes, il était sensible à ce que ses yeux voyaient, il avait été plus facile à rallier. Rires. En somme, nous avions, tous les deux, été menés par le bout du nez depuis le début par le plus grand metteur en scène que le monde du cinéma n'eût jamais connu. Seulement, il s'agissait du film de notre vie. Rires. Mais par-dessus tout, nous nous sentions complémentaires, prêts à marcher main dans la main vers cette belle aventure à laquelle le Seigneur nous conviait. Nous étions amoureux et heureux de partager la même Foi et le même désir ardent de servir le Seigneur avec notre foyer. Je me sentais à ma place.

Après ces échanges, nous nous mîmes d'accord de nous considérer désormais comme fiancés. Un mois plus tard, nous mîmes sa sœur et son mari dans la confidence et nous nous accordâmes de ne pas ébruiter l'information dans l'immédiat. Je tiens à préciser que même si nous vivions encore sous le même toit, nous avions convenu de n'avoir aucun rapport sexuel avant le mariage. Nous avions tenu l'un comme l'autre à respecter ce vœu devant le Seigneur. C'est aussi cela quand on se marie avec quelqu'un qui partage la même foi que nous selon qu'il est écrit : « *Ne vous mettez pas avec les infidèles sous un joug étranger... Quel rapport y a-t-il entre le temple de Dieu et les idoles ? Car nous sommes le temple du Dieu vivant, comme Dieu l'a dit : J'habiterai et je marcherai au milieu d'eux ; je serai leur Dieu, et ils seront mon peuple...* » (2Cor6,14-16)

Si cela ne tenait qu'à moi, nous nous serions mariés sur-le-champ. Rires. J'avais tellement le sentiment de le connaître depuis si longtemps que je ne voyais pas l'intérêt d'attendre encore. Mais nos fiançailles durèrent un an. Mon fiancé avait lui-même imposé cette période, le temps pour lui de finir de mettre de l'ordre dans sa vie et mieux envisager la perspective de la vie commune.

Heureusement, d'ailleurs, car ce fut non seulement un temps de cheminement pour apprendre à consolider nos liens et prendre de l'avance sur les défis qui étaient les nôtres. Mais, c'était aussi un temps pour mettre en place les perspectives d'avenir et peaufiner l'organisation du mariage. Nous discutions de plus en plus, de tout et de rien mais surtout de nos défis. Le travail, par exemple, et la nécessité pour lui d'avoir rapidement une source de revenus conséquents étaient au cœur de nos discussions. À ce sujet, spécifiquement, comme il aimait beaucoup l'informatique et avait déjà géré un business center, appelé communément cyber-café (il m'avoua même que c'était son projet de rêve), nous convînmes qu'il suivrait une formation en Informatique en vue d'acquérir les compétences nécessaires pour un tel projet. Nous avions également recensé différents projets à mettre en place qui lui permettraient de générer du revenu pendant sa formation (taxi, location de chaises, sono, vente de bijoux, etc.), tous des projets très porteurs pourvu qu'on y mît du sérieux. Donc, sur cet aspect, j'étais assez confiante, principalement en me remémorant ma discussion avec le Seigneur : « c'est Dieu qui bénit, tout ira bien », me rassurais-je. Et, comme dans l'immédiat, nous n'aurions qu'un salaire, le mien, nous décidâmes de déménager dans un logement moins coûteux, par souci d'économies. Nous quittâmes alors mon appartement de Bonapriso pour un quartier plus populaire. L'aspect sécuritaire devenait secondaire de toute façon puisque je commençais déjà à m'intégrer au Cameroun et qu'en plus, j'y avais désormais un lien d'attache plus poussé.

Honnêtement, ces douze mois nous parurent à l'un comme à l'autre les plus longs du monde. Nous avions vingt-neuf ans et autant lui que moi avions eu des expériences amoureuses avant notre rencontre alors, oui nous brûlions. Et comme il est écrit dans 1Cor7, 9 : *« Mais s'ils manquent de continence, qu'ils se marient car il vaut mieux se marier que de brûler. »* D'autant plus que le Seigneur Lui-même avait mis tout en œuvre pour nous rapprocher.

C'est donc avec soulagement et un bonheur non feint que nous nous sommes unis devant Dieu et devant les hommes, le 16 avril 2005, à Abidjan (Côte d'Ivoire).

Il devait y avoir plusieurs étapes dans le processus : la première c'était d'annoncer la nouvelle à mon père. Selon la tradition, mon fiancé devait aller se présenter d'abord à mon père (le « côcôcô ») puis accomplir la cérémonie traditionnelle de demande de ma main à mon Père (la dot) avant de procéder au mariage civil et religieux. Cependant, pour des raisons évidentes de budget, il nous fallut faire preuve d'ingéniosité car mon fiancé ne pouvait bénéficier d'un grand soutien financier de sa famille et n'avait lui-même aucun revenu suffisant. Sur ce point, j'aimerais autant lever toute équivoque, certaines personnes y compris mon amie (la sœur de mon fiancé) m'ayant reproché le fait de n'avoir pas attendu que mon fiancé ait de meilleurs revenus avant de nous marier. Pour d'autres, ceci serait la raison de récurrents problèmes financiers rencontrés durant nos années de mariage au Cameroun. C'était, selon eux, un manque de sagesse de ma part car j'aurais dû être intransigeante sur ce point. Plus facile à dire qu'à faire si on tient compte de tout le contexte de notre rencontre, de ma discussion avec le Seigneur et de la vision dans laquelle ce mariage s'inscrivait. Pour moi, retarder davantage la cérémonie de mariage pour cette raison revenait à remettre en cause mon entente avec le

Seigneur à la suite de *«l'offre du Roi»*, d'autant plus que Lui-même travaillait à faire concourir toutes choses! Et mon fiancé était également de cet avis.

Alors, pour couvrir tous les frais de l'organisation du mariage, nous ne pouvions compter en priorité que sur nous-mêmes, sur mon salaire, en l'occurrence. Et, heureusement, depuis deux ans, j'avais souscrit à une épargne bloquée qui arrivait justement à son terme : cela allait nous aider dans ce sens. Toutefois, nous ne pouvions pas nous permettre plusieurs allers-retours sur la Côte d'Ivoire. Nous avions donc décidé que je profiterais d'une mission de travail sur Abidjan pour aller voir mon père et le préparer à l'idée du *tout-en-un* : la cérémonie de «côcôcô», la dot et le mariage en un seul séjour. Ce qui fut fait. Mon père s'était montré heureux pour moi et m'avait donné sa bénédiction pour le déroulement du mariage selon nos termes. Pour qui connaissait mon père, ce n'était pas gagné d'avance, et mon fiancé et moi rendîmes particulièrement grâce à Dieu pour avoir exaucé nos nombreuses prières en ce sens.

Aujourd'hui, je sais que même s'il n'était pas entièrement rassuré de mon mariage avec cet «inconnu», mon père l'avait fait pour ne pas créer de crise entre nous, craignant de me perdre s'il m'opposait un refus. Sacré papa!

Durant ce séjour abidjanais, alors que je n'avais encore annoncé à personne que je me marierais bientôt, des révélations fusaient de partout. Je vais vous rapporter ici l'une d'elles qui me marqua énormément : une amie (qui deviendra d'ailleurs mon témoin de mariage) m'avait demandé de l'accompagner à une séance de prières chez un jeune serviteur de Dieu : un prophète. Dès que j'entrai dans la salle pour ma rencontre avec lui, en privé, il me dit : « tu as un amour très profond pour le Seigneur. Tu es sur le point de prendre une décision qui va choquer tout le monde autour de toi. Mais le Seigneur me dit de te dire : *« l'obéissance vaut mieux que les sacrifices. »* (1Sa15,22) Ne t'inquiète pas Dieu est avec toi. Et pour te prouver que ce que je dis viens de Lui, voici le signe qu'Il te donne : tu dois prendre un avion ce soir n'est-ce pas ?

— « Oui » lui ai-je répondu. Je devais effectivement prendre un vol pour Dakar (Sénégal) le soir même.

— « Eh bien, ton vol aura du retard, de plusieurs heures. Mais tu finiras par partir. Quand on t'annoncera que le vol a du retard, tu sauras que ce que je t'ai dit vient de Dieu. »

Pour qui est habitué aux paroles de connaissances et aux révélations du Seigneur comme moi, ce discours n'est nullement surprenant. Le Seigneur ne dit-Il pas qu'on reconnaîtra un prophète quand ce qu'il annonce se produit ? (Deut 18,22)

Dans l'euphorie et l'affairisme de mon départ, j'avais même oublié la prophétie lorsque j'arrivai à l'aéroport ce soir-là. Ce n'est qu'une fois dans la salle d'attente, lorsqu'on annonça que le vol aurait du retard, que je me souvins de ce que l'homme de Dieu avait dit.

Et, effectivement, l'annonce de mon mariage fit un gros BOOM ! Autant au Cameroun (du côté de la famille de mon fiancé et dans mon milieu professionnel) qu'en Côte d'Ivoire dans ma propre famille. La réaction de ma famille, hormis mon père, était la même que ma propre réaction lorsque le Seigneur me fit Son offre : ils avaient tous peur pour moi. Même si, comme je le mentionnais plus haut, mon père n'avait pas voulu en faire l'écho, ma mère, elle, ne s'était pas privée de le manifester. Il semblerait même que mon père avait dû la dissuader d'un scandale durant la réception que mes deux familles (paternelle et maternelle) avaient donnée en notre honneur le lendemain du mariage.

Quant à l'Église où je persévérais à Abidjan avant mon départ pour le Cameroun, elle avait donné son accord pour célébrer le mariage après une batterie de questions, le fameux entretien qui était si déterminant pour décider si l'Église validerait et bénirait ou non cette union. À l'issue de cette rencontre de près de deux heures, sachant tous les détails, le Pasteur A.D. discerna que cette union venait bien du Seigneur et recommanda judicieusement qu'on ne vécût plus sous le même toit à mon retour au Cameroun. Et ce, jusqu'au mariage, afin de ne scandaliser personne, selon qu'il est écrit *« malheur à celui par qui les scandales arrivent. »* (Lc 17,1) Ce qui fut fait dès mon retour à Douala.

Quant au Pasteur A.H. à qui j'avais demandé d'être le maître de cérémonie, voici le conseil qu'il me donna : « Martine, il est absolument primordial que tu descendes au niveau de ton mari pour que vous remontiez ensemble. Le gap est trop grand. Si tu restes dans ta position actuelle ça ne marchera pas. »

À cela, je répondis que j'étais déjà en marche pour accomplir la volonté du Seigneur pour mon mariage. Si c'était le prix à payer, je n'y voyais franchement aucun inconvénient à partir du moment où je m'étais déjà accordée avec le Seigneur en toute connaissance de cause. Ce conseil ne m'avait d'ailleurs jamais quitté durant tout le temps de nos huit années de mariage, même quand les choses devenaient trop dures à supporter pour mes frêles épaules… du moins jusqu'à ce que les données changent littéralement une fois rendus au Canada. J'y reviendrai.

La réaction au Cameroun a été plus difficile à gérer car plus virulente, particulièrement du côté de ma future belle-famille, sous la houlette de celle que je considérais jusque-là comme mon amie, la grande sœur de mon fiancé. D'ailleurs, ce dernier m'avait prévenue que j'allais regretter ma volonté de maintenir ma complicité avec sa sœur tout en étant sa fiancée. Il était formel : les deux statuts étaient incompatibles. Et, comme il le prédisait, les choses ne tardèrent pas à se dégrader avec elle. J'étais désormais la fiancée de son frère et elle se croyait légitimement en position de me traiter de la même manière que son petit frère, c'est-à-dire comme un valet. Ce que je n'admettais pas. Même si je ne voulais pas le croire, il avait fini par avoir raison et à la suite d'un incident, la rupture fut consommée. À partir de là, ce fut l'enfer, psychologiquement. Elle prit prétexte du manque de revenus de son frère pour peser de tout son poids sur l'organisation du mariage et demander le report de celui-ci. Son argument principal : son petit frère ne pouvait pas se marier sans avoir un travail. Curieusement, et même si sa crainte était légitime, elle n'y voyait aucun inconvénient avant le clash.

Il est de ses familles où l'aîné mène son petit monde par le bout du nez. Quiconque ne rentre pas dans les rangs signe automatiquement son arrêt de mort. C'était précisément le cas de le dire. Du jour au lendemain, celle qui se voulait être notre mentor pour le mariage avait rallié une bonne partie de sa famille, son mari en premier. Une après-midi, alors que la situation était déjà très tendue, elle m'invita à une rencontre au glacier pour, dit-elle, «discuter seule à seule en terrain neutre». Je savais que ça allait être un moment psychologiquement éprouvant mais au vu de l'enjeu, je m'y rendis courageusement. Et là, les propos de mon amie (désormais future belle-sœur), furent d'une rare violence. Elle me lança au détour de la conversation : «Arrête de raconter partout que je suis contre votre mariage! Moi je peux être contre votre mariage? Si j'ai voulu que vous viviez sous le même toit alors que je savais ton désir de mariage, tu croyais que c'était pourquoi? Qu'est-ce que tu crois?» Et alors que je la regardais abasourdie, ne croyant pas ce que je venais d'entendre de mes oreilles, elle rajouta : «ohhh! Arrête tes airs d'innocence-là! Qu'est-ce que tu crois? Tu n'es pas une petite fille!» J'étais estomaquée et en même temps mon esprit refusait de croire que tout ce qui s'était passé depuis *«l'offre du Roi»* jusqu'à présent était juste de sa volonté à elle, que j'avais été manipulée depuis le début!

Je me sentais si blessée que si je n'étais pas certaine d'avoir entendu et vu le Seigneur agir depuis le début de «*Son offre*», j'aurais désisté et mis fin aux fiançailles illico. En plus, elle me parlait ainsi sous le regard attentif de sa fille de dix ans, qui regardait la scène, l'air penaud.

Mais voilà! Ce ne pouvait pas être vrai. Elle avait certainement été un instrument, comme nous tous, dans les mains du Seigneur pour faire aboutir Son plan mais ne pouvait absolument pas en être l'instigatrice ni la conceptrice. Et les éléments relatés jusqu'ici et ceux à venir permettaient de le prouver. Alors, je ravalai ma fierté et nous nous quittâmes après que j'eus payé la note, en plus! Sourires.

Douala était une de ces villes où « tout le monde connaît tout le monde ». De ce fait, les ragots se propageaient à la vitesse de la lumière. Bientôt, tout ce beau monde, y compris mes collègues et mes clients, était au courant que je m'entêtais pour me marier à un jeune homme qui ne travaillait pas et dont la famille (mon amie, en fait) désapprouvait le mariage. En substance, je « m'achetais » un homme ! Et le meilleur messager de cette thèse fut... ma future belle-mère.

En effet, elle était en visite chez l'une de ses filles en France lorsque les problèmes commencèrent. Je n'avais donc pas eu l'occasion de parler avec elle en tête-à-tête en tant que sa future belle-fille. Toutefois, nous communiquions brièvement par téléphone lorsque son fils l'appelait et elle nous apportait son soutien. Comme le disait mon fiancé, orphelin de père depuis l'âge de huit ans : « C'est elle la personne la plus importante à mes yeux. Et elle nous soutient alors le reste n'a pas d'importance. » Et cela m'aidait à supporter la lourdeur de la situation.

Je fus donc terriblement choquée lorsque lors de mon premier tête-à-tête avec ma future belle-mère, à son retour au pays, elle me demanda tout de go : « Toi, tu penses que parce que tu as de l'argent, tu peux venir acheter mon fils ? Mon fils n'est pas à vendre. » Moi qui mettais tant d'espoir dans cette première rencontre, moi qui m'enthousiasmais à l'idée d'une certaine complicité entre elle et moi... Je m'effondrai en larmes face à la virulence des mots. Je voulais répondre mais aucun son ne sortait de mes lèvres. En lieu et place, je ne faisais que couler des larmes en silence. Tant et si bien qu'elle se résolut à appeler son fils à la rescousse. En effet, dès notre arrivée dans la concession familiale, et après m'avoir présentée à sa mère, mon fiancé s'était éclipsé pour nous permettre de discuter «entre femmes» et il était surpris de me retrouver en larmes. Il s'empressa de me demander ce qui n'allait pas mais je ne pouvais rien lui dire. Que pouvais-je dire d'ailleurs ? Il était déjà brouillé avec sa sœur aînée à cause de moi. La dernière chose que je voulais au monde était d'être le sujet de discorde entre sa mère et lui. De guerre lasse, il se tourna vers sa mère en lui posant la même question. Mais elle ne put rien lui dire non plus, consciente de l'énormité de la blessure qu'elle venait de m'infliger et sachant que cela ne plairait pas à son fils. Cela me conforta dans l'idée que je ne devrais absolument pas le lui dire. Le hic, c'est que je n'arrivais pas à me calmer. Les larmes ne faisaient que ruisseler sur mon visage quand bien même je souhaitais les arrêter. Alors, il décida que nous rentrions immédiatement. Tout au long du chemin de retour, il ne cessait de me demander ce qui s'était passé et pourquoi cette crise de larmes. Je ne pouvais lui répondre. J'étais tellement éplorée quand nous arrivâmes à l'appartement qu'il ne voulut pas me laisser seule dans cet état-là. En effet, depuis mon retour d'Abidjan, nous avions mis en œuvre la recommandation du pasteur d'Abidjan et il avait emménagé dans la concession familiale en attendant le mariage.

Le lendemain matin, à mon réveil, il avait tout apprêté pour le petit déjeuner mais je n'avais pas faim et continuais de pleurer. Je n'avais jamais autant pleuré de ma vie. Alors, ne pouvant plus se contenir, mon fiancé éclata aussi en sanglots. C'était la première fois que je le voyais pleurer. Cela produisit en moi un contrechoc et je cessai enfin de pleurer car je ne voulais pas que cet incident affectât sa relation avec sa mère.

Cette expérience de le voir pleurer avec moi raffermit nos liens et notre complicité s'en trouva accrue : je nous voyais un contre tous et je me disais que cela ne pouvait qu'être de bon augure pour le foyer que nous voulions bâtir pour le Seigneur... Du moins, c'est ainsi que je le voyais.

Curieusement, après cet incident, ma future belle-mère déclara à mon fiancé qu'elle était de notre côté et qu'elle nous accompagnerait à Abidjan pour le mariage. Comme dit la parole de Dieu : *« Toutes choses concourent au bien de ceux qui aiment Dieu, de ceux qui sont appelés selon ses desseins. »* (Ro8,28)

Mais je restais quand même sur mes réserves, ayant été fortement ébranlée par cette douloureuse première rencontre.

La dot était très onéreuse au Cameroun. Et c'était la bête noire de tout fiancé, ne sachant jamais à l'avance à quoi s'attendre sur la fameuse *liste* ni même s'il en serait à la hauteur. Alors ma future belle-mère insista beaucoup pour savoir comment cela se passerait sur ce plan à Abidjan. Quand je lui dis que chez nous, on ne donnait pas de « liste » mais des objets symboliques, tels qu'un pagne traditionnel tissé (kita du Ghana ou autre) et une ou deux bouteilles de liqueur, elle n'en croyait pas ses oreilles. Et cela me faisait bien rire.

Pour autant, aujourd'hui, cela est loin de me faire rire car j'ai compris de par mon expérience que, dans le couple, l'homme, qui fait office de meneur, doit *investir* dans la vie de sa future épouse, cela doit lui *coûter* sinon, il a tendance à prendre sa partenaire « for granted[4] »,

[4] « For granted » : pour acquis

comme diraient les Anglais. Et c'est justement à dessein que les anciens (la tradition) ont établi cette mesure de *la dot*. Il est donc important que cela soit honoré convenablement. La Bible ne dit-elle pas de ne pas «*déplacer la borne ancienne que [nos] pères ont posée*»? (Pr22,28)

Mais revenons aux préparatifs. Il fallait penser à tout : faire partir une délégation de près de dix membres du Cameroun n'était pas chose aisée. Grâce à mes connexions professionnelles, nous avions pu obtenir un prix de groupe très forfaitaire pour les billets d'avion, ce qui facilita les choses. Le beau-frère de mon fiancé ayant finalement décliné l'offre d'être son témoin, par solidarité envers son épouse, mon fiancé se devait de trouver un autre témoin. Nous étions à moins de deux mois du mariage et il y avait urgence. Pendant qu'il priait à cet effet, le Saint-Esprit lui mit sur le cœur de contacter un homme de Dieu.

Le Pasteur T. était un homme de Dieu oint dont la réputation était déjà bien assise au Cameroun et en dehors du Cameroun, surtout en Afrique anglophone. Hormis son ministère, il animait également une émission sur une radio chrétienne très connue à Douala. Il était donc un homme très occupé, avec un emploi du temps très chargé et ses déplacements étaient planifiés longtemps à l'avance.

Alors, quand mon fiancé m'annonça que le Seigneur l'orientait vers cet homme de Dieu-là, je lui répondis que j'admirais sa foi. Et, comme Saraï, je souris du coin des lèvres. (Ge18,12-13)

Et pour compliquer les choses, le Pasteur T. ne connaissait pas mon fiancé personnellement. Enfin, à un détail près...

Les choses de Dieu : la confirmation

En effet, vu la dégradation de nos relations avec ma future belle-sœur, et les ragots qui circulaient à notre sujet à l'église où nous persévérions, mon fiancé et moi avions décidé de prendre de la distance d'avec cette communauté, où son beau-père et sa sœur étaient très influents, le mari y étant pasteur. Je décidai donc personnellement de me diriger vers le ministère de cet homme de Dieu dont je suivais l'émission à la radio chrétienne. Et ce, afin de continuer d'être nourrie par la Parole en toute discrétion. Entre-temps, mon fiancé et moi continuions à prier pour que la paix revienne dans la famille et que notre mariage soit source de réconciliation. Je tiens à préciser que mon fiancé n'allait pas avec moi dans cette nouvelle assemblée, même si je l'y invitais chaque dimanche. C'est dans ce contexte que ma sœur D., qui était en visite chez moi, à Douala, et moi-même nous rendîmes au culte, un dimanche. À notre grande surprise, et alors que le culte avait débuté depuis au moins 30 minutes, nous vîmes mon fiancé arriver. Comme il était en retard, il n'avait pas le choix que d'occuper la place que lui indiquait le protocole, c'est-à-dire à la première rangée. Nous étions à environ six mois du mariage.

Pendant le culte, selon son habitude, l'homme de Dieu, un prophète, reçut une parole pour mon fiancé et lui demanda de se tenir debout. Puis il dit devant toute l'assemblée ébahie, moi la première :

— «Jeune homme, je ne sais pas qui vous êtes, nous ne connaissons pas : mais le Seigneur me dit que les portes du mariage sont ouvertes pour vous. Vous allez vous marier très bientôt et votre mariage va ouvrir de grandes portes de bénédictions dans votre vie.» Puis il lui demanda : « Vous m'avez l'air bien jeune et je ne sais pas si vous êtes encore aux études : vous êtes fiancé ? »

— « Oui », lui répondit-il sous les acclamations des fidèles.

— « Votre fiancée est dans la salle ? »

— « Oui » répondit-il en me cherchant du regard car il ne savait pas où j'étais assise.

Là, ma sœur me souffla « Martine lève-toi » tandis que j'essayais de me cacher. J'étais extrêmement gênée mais je savais comment marchent les *choses de Dieu*. Il ne faut pas résister. Alors je me levai et l'homme de Dieu nous demanda de venir en avant pour la prière.

C'était la deuxième confirmation du Seigneur. La première étant, si vous vous en souvenez, celle que j'avais reçue moi-même à Abidjan, en partance pour Dakar. Il m'avait déjà prévenue et je le savais par principe : les paroles de connaissances ne m'apprenaient rien de nouveau en général. Elles venaient confirmer ce que je savais déjà. C'était *le sceau public* du Seigneur pour attester devant tous ce qu'Il m'avait déjà annoncé dans le privé.

C'est ainsi que mon fiancé eut son premier contact avec cet oint de l'Éternel.

Alors, lorsque le Seigneur lui mit à cœur d'aller le voir pour lui demander d'être son témoin de mariage, qui l'accompagnerait à Abidjan de surcroît, mon fiancé n'hésita pas. Cependant, *comment* faire pour le rencontrer ? N'ayant personne pour l'introduire, mon fiancé décida de faire le guet de 20 heures à 23 heures devant la radio, pendant le temps d'antenne du pasteur T.

Imaginez la surprise de cet homme de Dieu lorsqu'il fut accosté par un jeune homme au visage très peu familier à sa sortie du studio à 23 heures, éreinté après une journée très chargée et pressé de rentrer chez lui ! Et il était d'autant plus surpris par la demande de mon fiancé. Plus tard, le Pasteur T. nous avouera qu'il avait été surtout impressionné par l'acte de foi et l'audace de ce jeune homme ! Alleluia ! N'est-il pas écrit : *«Depuis le temps de Jean-Baptiste jusqu'à présent, le royaume des cieux est forcé, et ce sont les violents qui s'en emparent»* ? (Mt11,12) Mon fiancé venait d'en faire la démonstration et il eut gain de cause immédiatement : l'homme de Dieu lui donna son accord sur le champ et ils convinrent d'un rendez-vous pour récupérer son passeport pour les démarches de visas. Car oui, mon fiancé s'était également engagé à le faire.

Le reste ne fut qu'un jeu d'enfant pour le Seigneur qui mit tout en œuvre pour que chaque acteur de ce film de ma vie joue pleinement son rôle dans le processus. Exactement comme Il me l'avait promis.

CHAPITRE 10 :

Le mariage

La glorieuse cérémonie en l'honneur de notre Dieu se tint donc le 16 avril 2005, selon les consignes reçues du Seigneur durant mes trois mois de séjour dans cette chambre d'hôtel à Douala. D'abord, à la mairie du Plateau à Abidjan pour la cérémonie civile, puis, dans les jardins de l'hôtel du Golf d'Abidjan, pour la bénédiction nuptiale, cet hôtel qui deviendra hélas tristement célèbre quelques années plus tard par le fait de la guerre militaro-politique.

C'est d'ailleurs dans ce cadre enchanteur, et sous l'onction de joie qui coulait ce jour-là, qu'au sortir du culte nuptial, ma belle-mère m'ouvrit enfin totalement son cœur en me prenant dans ses bras et en criant à tue-tête pour se faire entendre malgré la musique tonitruante : «Je te donne mon fils de tout mon cœur.» Pour moi, cette déclaration valait plus que l'or et cela eut l'effet de m'ôter mes dernières résistances à son endroit. Et à l'instant même, elle eut dans mon cœur la place spéciale d'une mère, n'étant pas vraiment proche de la mienne malgré nos retrouvailles au sortir de l'adolescence.

«2 valent mieux qu'un :
ils ont un bon salaire de leur travail» Ecc4,9

C'est sur ce roc de la Parole de Dieu que nous fondâmes notre foyer… du moins c'est ce que je croyais !

Quand nous étions dans les préparatifs de notre mariage, ce verset s'était imposé autant à mon fiancé qu'à moi comme une évidence : les réalités de notre couple nous l'imposaient, en fait. Pour moi particulièrement, il venait corroborer les instructions reçues du Seigneur dans *l'offre du Roi*. C'était donc sur cette Parole que nous allions jeter le filet de notre mariage.

Et lorsque, très vite, peu de temps après la cérémonie, des réalités contraires s'imposèrent à moi, je gardai la foi sur ce que j'avais entendu : la Parole de Dieu.

Et pourtant ces réalités étaient aussi grosses que le nez sur le visage, mais je choisis de ne pas m'y attarder, ayant dans le viseur « la bague en bronze qui devint de l'or... »

J'aime beaucoup cette pensée dont je ne connais la source mais qui est très répandue en Côte d'Ivoire : tout ce que vous donnez à une femme, elle le multiplie, elle le transforme en or.

Je m'inscrivais effectivement dans cette catégorie de femmes. Et ce, au détriment même de ma propre vie. Survoltée, par « le songe de la bague en bronze devenue de l'or » ainsi que le sage conseil reçu du Pasteur A.H., le maître de cérémonie de notre mariage : « Martine, descends au niveau de ton époux pour que vous puissiez remonter ensemble. »

Même si c'était difficile de repasser constamment par derrière dans bien des domaines de notre foyer pour m'assurer que tout était correct, même si je devais le « couvrir » au niveau de ma famille pour qu'il ait son honneur sauf, même si je devais porter entièrement le poids financier du foyer en attendant le jour glorieux où il pourrait enfin prendre soin de sa femme et de ses enfants, je considérais cela comme mon devoir d'épouse. C'était ma façon à moi de lui apporter l'aide dont le Seigneur m'avait parlé dans Son *offre*. Alors «*deux valent mieux qu'un : là où l'un est faible, l'autre est fort*» était le verset de référence, pour moi, pour nous. (Ecc 4,9-12)

D'ailleurs, ma belle-mère me le répétait souvent durant ses visites chez nous : «Ma fille, ce sont deux mains qui se lavent». Et je trouvais qu'elle avait bien raison. Et en l'état actuel des choses, c'était surtout à moi de laver la main de mon époux. Donc j'en fis un sacerdoce : je donnais au-delà de moi-même, sans compter. Je courais, selon moi, vers la Vision du Seigneur pour notre foyer. Et, sans aucun doute, mon Alliance finirait par devenir de l'or à mon doigt! Et cela me donnait des ailes, les ailes de la foi!

Les vents contraires...

Notre premier fils Yohan est arrivé très vite (janvier 2006). Selon moi, il a dû être conçu le premier soir de notre lune de miel. Connaissant l'humour du Seigneur, je ne serais pas surprise qu'Il ait voulu nous faire ce clin d'œil-là. Rires.

Je me rappelle particulièrement une après-midi où j'étais assise au salon. Nous venions de déménager de l'appartement d'une chambre-salon dans lequel nous vivions après le mariage pour une villa plus grande, en prévision de l'arrivée de notre premier enfant. J'étais déjà au sixième mois de grossesse. J'avais le cœur débordant de joie et de gratitude envers l'Éternel pour tant de bienfaits. Et j'entendis le Seigneur me demander très clairement : «Martine, que puis-je faire pour toi?

Demande-moi tout ce que tu veux, Je te le donnerai. » Et moi, dans mon zèle très chrétien, je Lui répondis d'une toute petite voix : « Que puis-je Te demander encore Seigneur ? Tu m'as déjà tellement comblée ! Ma coupe est pleine, Papa, je veux juste te dire merci pour tout ! » Et, curieusement, je pouvais percevoir le sourire ironique du Seigneur. Mais je décidai de ne pas m'y attarder car oui, ma coupe était pleine à cette époque-là ! Comme je regrette aujourd'hui de n'avoir pas vu plus loin que le bout de mon nez ! J'aurais quand même pu faire des réserves de bénédictions ! Rires !

Puis le deuxième garçon, Joshua, arriva en mars 2009, et le troisième, Elisha, en mai 2010 ! Trois soldats de l'armée de l'Éternel en cinq ans ! Quelle grâce ! Surtout pour moi qui, selon une parole de connaissance, était destinée à être stérile… Il avait rempli Sa part du contrat de façon phénoménale !

Et alors que j'étais enceinte du troisième garçon, le Seigneur me dit un dimanche, en plein culte : « Martine, j'en ai fini avec vous pour ce qui concerne les enfants. Je ne dis pas que vous n'aurez plus d'enfant. Je dis que le compte est bon pour ce que je voulais faire avec vous en ce qui concerne les enfants. » Je précise que, chaque fois que j'étais enceinte, le Seigneur prenait toujours le temps de me donner Son plan global pour chacun des enfants, exactement comme Il a fait pour Rebecca lorsqu'elle était enceinte d'Ésaü et de Jacob (Ge25,23). Vous comprendrez que je ne puisse pas en livrer la teneur ici.

Quand bien même le Seigneur faisait pleinement Sa part, malheureusement, au plan organisationnel, structurel et financier, notre famille avait beaucoup de mal à suivre le rythme des bénédictions du Seigneur. Il s'était pourtant rassuré de mettre en place tous les pions pour que l'alliance «en bronze devienne de l'or à mon doigt»! Que nenni!

Nous étions maintenant cinq à la maison et malgré la bénédiction d'un salaire conséquent, qui était tout de même appréciable pour le contexte africain dans lequel nous vivions, nous n'arrivions plus à joindre les deux bouts! Les différents prêts que j'avais contractés autant en entreprise qu'à la banque pour, entre autres, des projets commerciaux de mon époux, pesaient lourdement sur notre unique source de revenus. C'était chaque mois plus de la moitié qui passait dans les remboursements de prêts. J'étais constamment endettée au point où je commençais à me faire une sale réputation dans mon milieu professionnel.

Pourtant, s'il y a un enseignement que j'ai reçu très tôt du Seigneur, c'est de préserver ma bonne réputation, selon qu'il est écrit : «*Une bonne réputation vaut mieux que le bon parfum...*» (Ecc 7,1)

Et justement, ma réputation professionnelle bien établie avant mon mariage était en train d'être ternie. L'un de mes patrons directs, celui-là même qui m'avait recrutée à Abidjan et qui était mon mentor en entreprise, m'avait prévenue dès les premiers instants de mon mariage : les affaires et la famille ne font pas bon ménage.

Et aujourd'hui, je dois humblement reconnaître qu'il avait bien raison. Mais à l'époque, souvenez-vous, je courais avec la Vision! Je me devais d'être forte là où mon époux était faible. D'ailleurs, ce dernier me le répétait souvent lorsqu'on avait des soucis financiers : «Chacun a sa grâce, la tienne, c'est de disposer d'un réseau qui te permet de trouver des solutions lorsqu'on connaît des urgences financières. Ce que moi je n'ai pas.»

Mais là, c'en était trop! J'en faisais trop, au-delà même de ce qui m'était demandé dans mon rôle d'épouse. Après tout, je n'étais que l'aide, n'est-ce pas? Je ne me privais pas de le lui rappeler quand l'occasion se présentait. Mais cela n'arrangeait rien malheureusement. Au contraire!

Je me souviens particulièrement qu'un jour, alors que nous avions encore un besoin urgent d'argent, et que la charge m'incombait d'en trouver, je lui reprochai de ne pas s'inquiéter de savoir comment je faisais pour obtenir «les faveurs» de mon réseau, comme il le disait. «Et si je donnais mon corps à mes clients en échange de ces faveurs?» lui demandais-je. Je voulais par cet exemple créer un choc qui fouetterait sa fierté d'homme et l'amènerait à se démener pour prendre en main les finances du foyer. Mais cela n'eut pas l'effet escompté.

Un autre moment fort avait été la fois où notre fils aîné, Yohan, qui avait déjà 4 ans, m'annonça fièrement, avec l'innocence qui caractérise les enfants à cet âge-là : «Maman, quand je vais grandir, je vais me marier et ma femme va m'acheter un ordinateur.» C'était, je crois, sa façon à lui de percevoir notre modèle familial. Et cela m'avait fait un tel choc! J'en étais très attristée car au grand jamais je ne voulais que nos garçons aient une telle conception du mariage! Non, non ce n'était pas à la femme de travailler pour offrir un niveau de vie à son mari. Non, ce n'était pas à maman qu'incombait la responsabilité de ramener le pain sur la table. Car il est écrit : «*si quelqu'un n'a pas soin des siens et principalement de ceux de sa famille, il a renié la foi, et il est pire qu'un infidèle.*» (1Ti5,8) ou encore «*nous n'avons mangé gratuitement le pain de personne mais dans le travail et dans la peine, nous avons été nuit et jour à l'œuvre pour n'être à charge à aucun de vous (...) Si quelqu'un ne veut pas travailler, qu'il ne mange pas non plus.»* 2Th3,8-10

Non, ce n'était pas à la femme de donner son patronyme au mari mais bien le contraire. Dans mon cas, mes collègues surnommaient mon mari «Mr. Martine», et je ne le sus que bien plus tard, quand les langues se délièrent à la suite de la séparation.

Car le ver avait déjà infesté le fruit, mais, c'est à croire que celui-ci n'était pas suffisamment pourri.

CHAPITRE 11 :

Le ver était dans le fruit

Ce que les gens, l'Église, ne pouvaient pas percevoir, c'était le dysfonctionnement de notre foyer. Tout ce beau monde ne voyait pas ce qu'il y avait en dessous de l'iceberg, les 75 % pourcents rongés par le ver de l'intérieur et que je venais de vous décrire plus haut.

Surtout, personne, en dehors du Témoin silencieux, ne percevait l'ampleur de ma souffrance, des sacrifices consentis... dans le but de voir «la bague en bronze» (notre alliance de mariage) briller pour Sa Gloire, en faisant référence au fameux songe annonciateur que j'avais eu avant mon mariage.

Les chrétiens zélés le savent : c'est le genre de songe qui vous transporte à un autre niveau de foi.

Ajoutez à cela notre verset de mariage : *«deux valent mieux qu'un. Ils ont un bon salaire de leur travail.»* (Ecc 4,9) et vous comprendrez à quel niveau de zèle j'étais dans mon foyer.

Il y avait un hic cependant : j'avais complètement zappé le fait que c'était **à deux** que cela devait se faire. Je ne pouvais pas être seule dans la barque, porter seule tous les défis du foyer et espérer porter les fruits de deux. Nous avions donc un gros problème et je ne m'en rendais même pas compte.

J'étais trop lancée avec la vision reçue, trop concentrée sur mon objectif pour m'apercevoir que le ver était dans le fruit. Et cela nous rongeait de l'intérieur.

Les réunions de couple se multipliaient avec mon mari. On en parlait souvent, très souvent même. Je ne manquais pas d'exprimer à ce dernier que j'étais à l'agonie et qu'il fallait qu'il prenne les choses en main pour me permettre de revivre. Malheureusement, de ce côté-là, les choses ne bougeaient pas beaucoup, pour ne pas dire pas du tout.

Sur le plan de l'Appel, du Ministère que le Seigneur avait confié à mon époux, il n'y avait toujours rien à l'horizon. Pour la petite histoire, dans chaque pays que je visitais pour mon travail, je ne manquais pas de rencontrer un homme de Dieu à ce sujet. Vous devinez bien que c'était une préoccupation majeure ! Je verbalisais donc ma souffrance auprès de mon Père céleste mais pas qu'à Lui. Et lorsqu'il arrivait que j'entendais une prédication où le Seigneur me tançait ouvertement de mon inaction dans le Ministère, comme ce fut le cas durant une mission à Bangui (Centrafrique), je Lui répondais toujours, non sans espièglerie : *« mais Papa, c'est Ton serviteur j'attends. C'est lui « l'appelé », pas moi. Moi je suis prête et dès qu'il se lèvera, je le suivrai »*. Et c'était à chaque fois pareil. Je ne pourrais pas compter le nombre de fois où le Seigneur m'invectiva sur le fait que je n'étais pas au niveau où Il m'attendait. Je Lui répondais systématiquement que j'attendais Son serviteur.

En fait, quelques mois après le mariage, le Seigneur avait confirmé son Appel d'Évangéliste lors d'un culte, par le biais de son serviteur le Pasteur T. Malheureusement, mon époux n'avait pas apprécié le fait qu'il n'ait pas été informé de cela par le Pasteur, *avant* le culte. Il trouva qu'il avait été mis devant le fait accompli. Et cela, il ne le tolérait pas. J'avais beau lui expliquer que c'était une pratique courante. Je lui fis remarquer qu'il n'était d'ailleurs pas le seul dans la situation. Il y avait un autre, un professeur des lycées et collèges, qui avait été établi également ce jour-là. Rien n'y fit. À partir de là, sa relation avec son témoin de mariage, le Pasteur T., commença à prendre du plomb dans l'aile. Et la rupture finit par arriver.

Mon époux, profitant de mon absence prolongée du pays, décida de s'isoler de l'Église pour un moment de «jeûne et prières de 40 jours», dicté selon lui par le Saint-Esprit, et ce, sans en aviser le Pasteur T. Quand il m'en fit part, je lui manifestai mon profond désaccord car je trouvais qu'il y avait vice de procédure. Selon moi, certes, il avait le droit de se retirer dans la prière d'autant plus que j'étais absente pour une durée prolongée mais c'était plus responsable d'en aviser le Pasteur T., ne serait-ce que pour qu'il puisse lui trouver un remplaçant pour les choses dont mon époux avait la responsabilité à l'église, même si ce dernier les trouvait «insignifiantes» (selon ses propres termes). Et partant de la relation d'Élysée et Élie, je tentai de lui faire comprendre que c'était sous cet angle qu'il lui fallait voir sa relation avec le Pasteur : il était en apprentissage. Alors, quelle que soit l'attitude méprisante du Pasteur à son égard, il devait rester concentré, comme Élysée le fit malgré les tentatives de déstabilisation d'Élie, afin de recevoir le «manteau», la double-portion de l'onction d'Élie. Rien n'y fit. Pour la première fois depuis notre mariage, nous étions en profond désaccord. Et à force d'insister pour tenter de le convaincre, il finit par me brandir le livre d'Esther : «Souviens-toi de Vasti : si tu es une reine, c'est parce que je suis le roi…». J'étais une jeune mariée, enceinte de notre premier fils, pratiquement à terme, loin de mon mari… Je capitulai dès que j'entendis ce dernier argument. Rires.

Bien plus tard, à mon retour au pays et après moult insistances, il consentit à ce que nous allions présenter le bébé au couple pastoral chez eux, puisqu'il avait coupé les ponts avec notre église locale et avait pris la décision unilatérale que nous n'y retournerions plus, malgré mon désaccord.

Durant cette visite qui fut l'une des plus pénibles de mon existence après les péripéties qu'on avait rencontrées avec ma belle-famille lors des préparatifs du mariage, le Pasteur me posa clairement la question suivante :

«Martine, je te sais très mature alors j'attendais ton arrivée pour prendre acte de la décision de ton mari. Es-tu d'accord avec lui? Cette décision a-t-elle été prise d'un commun accord?», et il fit référence à la mauvaise éducation dont avait fait preuve mon époux en mon absence.

J'étais anéantie à l'intérieur de moi, partagée entre le respect et la considération que j'avais pour cet éminent serviteur de Dieu, qui, de surcroît, était le témoin précieux de notre mariage, et la colère que j'avais vis-à-vis de l'attitude immature de mon époux. Et péniblement mais courageusement, je lui répondis d'une toute petite voix, à peu près en ces termes : *«Oui Pasteur, parce que mon mari est le chef de famille et que c'est mon devoir d'être solidaire de sa décision.»*

Alors le Pasteur T. bien que déçu me répondit : *«C'est tout ce que je voulais savoir.»*

Au sortir de la visite chez le Pasteur, j'étais dévastée, blessée et j'en voulais énormément à mon époux de nous avoir mis dans une situation si inconfortable.

Curieusement, mon époux, lui, me reprochait le fait de n'avoir pas réagi lorsque le Pasteur mentionna sa mauvaise éducation. *«Pourquoi l'aurais-je fait»,* lui ai-je demandé ? Et je renchéris : *«Il n'a fait que dire la vérité.»*

En effet, le Pasteur avait tout à fait raison : la bienséance aurait voulu que mon époux le prévint de son retrait de l'église. En ne s'excusant pas auprès de l'homme de Dieu et en se soustrayant à son engagement à l'église sans s'être récusé, il avait manqué d'éducation.

Ce que le Pasteur ne savait pas, ce que je n'avais pas osé lui dire, c'est que ce sujet de désaccord profond aurait pu causer la rupture de notre mariage. Même sur le chemin qui conduisait au rendez-vous chez le Pasteur T., nous avions eu une dispute houleuse parce que j'essayais encore d'amener mon époux à voir ses erreurs et à diluer ses positions.

Qu'aurais-je dû faire ? Continuer d'aller à cette église tout en sachant que mon époux y était opposé ? Cela va vous surprendre mais aujourd'hui, je peux répondre par un vibrant «oui !»

Je crois profondément que si je l'avais fait j'aurais sauvé le Ministère de mon mari et, dans une certaine mesure, notre foyer. Si c'était à refaire, donc, j'aurais réagi différemment car j'avais raison. J'aurais réagi comme Abigaïl face à la colère de David envers son époux, afin de réparer les erreurs de mon époux et sauver notre foyer (1Sam25,1-35).

Aujourd'hui, je le sais, mais à l'époque, j'étais trop soucieuse de préserver la «paix» dans mon foyer, j'avais trop peur d'être la cause de l'échec de mon mariage, d'être traitée de «Vasti».

D'aussi loin que je me souvienne, c'est à partir de là que tout a basculé. Depuis cet instant, je vis mon époux stagner dans son Appel : il voulait aller vite, avoir une position élevée dans son Ministère sans avoir préalablement servi auprès d'un homme de Dieu, et donc appris. Il était, par conséquent, sans repère et cela nous fut préjudiciable. Nous avions certes continué d'exprimer notre foi dans d'autres communautés mais ce n'était plus avec la même ferveur. Toutefois, comme je l'ai mentionné plus haut, la Grâce du Seigneur était toujours présente. Nous continuions à être vus, en apparence, comme des «térébinthes» de l'Éternel partout où nous passions. Mais au bout de cinq ans de ce que nous avions nous-mêmes discerné comme un «désert ministériel», *nous* avions finalement compris qu'il nous fallait retourner auprès de notre «Père dans la Foi».

Et un an avant notre immigration au Canada, le Seigneur disposa toutes choses afin que ce «retour à la maison» fût effectif. Bien que trop bref, cela fut une année de formation accélérée pour mon époux et je pus voir la Grâce de Dieu se décupler dans sa vie pour le restaurer, le transformer et le remplir pour le Ministère… Enfin, du moins c'est ce que je croyais !

Financièrement, nous étions, enfin j'étais, à genoux. La suite du passage d'Ecclésiastes 4 mentionne au verset 10 : *«… mais malheur à celui qui est seul et qui tombe sans avoir un second pour le relever !»* C'était exactement ce que je vivais dans mon foyer : j'étais seule, je n'avais pas un second pour me relever quand je tombais !

Une situation vint me donner le coup de massue qui me mit à terre :

On avait un besoin urgent à la maison pour le lendemain. On était en plein milieu du mois et nous n'avions aucune économie. Il nous fallait absolument trouver cet argent qui nous manquait pour sortir de la situation : 50 000 FCFA (env. CAD125). Nous en avions discuté et je voulais que, pour une fois, mon mari trouve la solution. Il me répondit pour la énième fois qu'il ne connaissait personne qui pouvait nous prêter de l'argent et qu'il n'avait pas la même grâce que moi sur ce plan. Dans ce genre de situation, le sommeil me déserte. Et pendant que moi, je cogitais, Monsieur, lui, dormait...

Dépitée, je me réfugiai dans la prière. Et après avoir longuement prié, j'eus à cœur de solliciter ma petite sœur aux États-Unis. Le décalage horaire aidant, il faisait encore jour chez elle. Par la grâce de Dieu, elle put me faire un transfert d'argent avant le lever du jour à Douala. Et le matin, « Monsieur mon mari » m'accompagna à l'agence pour le retrait. Je lui remis entièrement le montant reçu pour qu'il puisse assurer « son rôle de chef. » Et ce, malgré mon irritation qui était perceptible !

Aujourd'hui avec le recul, je me rends compte de l'énormité de la situation. Mais à l'époque, je le faisais pour mon foyer, pour sauver ma famille. Et je vous rassure, je n'étais pas envoûtée. Le ver était donc profondément dans le fruit et ce dernier pourrissait de l'intérieur. Hélas !

« Dieu a-t-Il vraiment dit... ? »

Je vous raconte cet épisode, non pour dénigrer cet homme, et père de mes enfants, qui a été mon compagnon de route pendant huit ans, mais pour que cela serve à quelqu'un. Et là, je m'adresse particulièrement à mes sœurs dans la foi : « Chères sœurs, je sais qu'en tant que femmes, nous ne supportons pas que l'homme, le chef de famille, ne joue pas pleinement son rôle dans le foyer. Et dans ce cas-là, nous avons tendance à porter sa casquette et «faire le boulot» à sa place. Un peu comme Sephora, épouse de Moïse, qui décida de circoncire leur fils, à la place de son mari et ainsi apaiser la colère de Dieu. (Ex4,25-26) Mais **ce n'est pas notre rôle**. Je le répète : «Ce n'est pas notre rôle!»

Si vous vous souvenez bien, dans le prologue, je faisais référence à cette scène très précise de notre cérémonie de mariage : le geste d'agacement qu'avait eu mon époux ce 16 avril 2005 lorsque je le prenais dans mes bras en rendant grâce à Dieu pour notre mariage et en chantant à tue-tête «dans tes bras d'amour». Il avait ce geste insensé car il me reprochait d'avoir dédicacé la chanson au Seigneur plutôt qu'à lui, mon époux. Eh bien! Je vais maintenant vous expliquer pourquoi le Saint-Esprit y a précisément fait référence.

Quelques minutes auparavant, nous venions de nous faire arroser de pluies abondantes venant du Ciel, une belle cérémonie où l'onction n'avait pas manqué de couler sous la houlette de nombreux hommes de Dieu présents, confirmant ce que le Seigneur m'avait dit. J'entendais encore le Pasteur-célébrant dire : «je vois en ce couple une armée du Seigneur.» Oh Yes! Le Seigneur est Fidèle! C'était l'accomplissement de mon vœu de jeune convertie «je te servirai avec mon mari.» J'étais si heureuse d'avoir obéi au Seigneur et de m'être mariée selon Sa suprême volonté. Pour moi, c'était un réel accomplissement.

Alors, lorsque mon époux manifesta son mécontentement au cours de cette danse après la célébration nuptiale, c'était la première d'une série d'erreurs que j'avais décidé *sciemment* d'ignorer, ayant résolu de ne regarder qu'à *«Jésus, le chef et le consommateur de* [*ma*] *Foi.»* (Hé12,2) Celui-là, même, à qui j'avais donné mon «oui», vous vous souvenez?

Rétrospectivement, je pense que cette scène, qui exprimait clairement une *scène de jalousie* envers notre Seigneur et Sauveur personnel, l'Auteur, même, de cette union, aurait dû me faire tiquer, m'alerter, m'alarmer même! J'aurais dû être en questionnement dès cet instant et sonder courageusement le cœur de mon époux : mettait-il réellement le Seigneur à la première place de sa vie? De notre vie? Voulait-il Le servir en toute humilité? Ne luttait-il pas encore avec certains vices? Son cœur n'était-il pas rempli d'orgueil? Or nous le savons *«L'orgueil précède la chute.»* (Pr16,18) **Au lieu de cela, je fis mine de n'avoir rien vu.**

Alors en gros, je voyais bien que les choses ne fonctionnaient pas, je n'osais rien faire qui pourrait mettre mon mariage à risque... parce que j'avais accepté d'être soumise à un homme qui lui-même avait besoin d'un guide! C'était juste pure folie! Aujourd'hui, je peux courageusement conclure qu'il n'était pas soumis à son Chef. Or le syllogisme demandait que je sois soumise à mon mari et que mon mari lui-même soit soumis à son Chef (le Christ) et qu'ainsi moi également le sois.

Au lieu de cela, mon schème de pensées à ce moment-là était le suivant : j'étais la fille chérie du Roi des rois et Il m'avait fait une *offre* des plus alléchantes. Il avait tout disposé pour que je réussisse. Alors en me soumettant à mon chef (mon mari), j'étais en obéissance à Dieu donc je ne pouvais pas échouer dans mon mariage.

Enfin, c'est ce que je croyais. Pour moi, l'équation était simple : j'étais une femme de prières, en Alliance avec le Seigneur et je me tenais constamment à la brèche pour ma famille... Avec même à la clé des alertes quand on frôlait la catastrophe... Alors, je ne pouvais pas échouer, n'est-ce pas? Et pourtant!

Aujourd'hui donc, après cet échec cuisant dans mon mariage, je puis affirmer que j'ai outrepassé la Mission assignée par le Maître : j'en ai trop fait. Et nombreuses sont ces femmes qui en font trop au nom de la Mission à elles confiées par le Maître. Le Seigneur nous envoie auprès de nos époux pour être *sous leur mission* (soumission) et *non leur remplaçant*. Il est donc bon de leur laisser pleinement le champ d'action... sauf quand cela met en péril notre Salut bien sûr. Femmes fortes, certes, mais n'oublions pas que c'est dans notre *«faiblesse que* [*la*] *puissance* [*de Dieu*] *se manifeste pleinement.»* (2 Cor12,9) C'est en étant «faibles», en montrant nos limites que nos époux manifestent leurs forces, leurs capacités à nous protéger et nous sécuriser.

Oui, j'étais une chrétienne zélée dans sa foi. Mais j'étais aussi humaine. Et je manquais cruellement de sagesse! Et bientôt, la fatigue commençait à se faire sentir, après quatre ans de course effrénée...

C'est seulement après la première grande crise dont je vous ai parlé plus haut que j'ai commencé à percevoir que les choses ne pouvaient pas continuer ainsi.

Et pourtant le Seigneur Lui-même avait essayé à maintes reprises de voler à mon secours face à certaines situations jugées «sages» par moi mais tellement écervelées pour le Seigneur!

Le plus poignant de ses clins d'œil fut sa visite « en personne », dans un songe... C'était à notre quatrième année de mariage. Et j'en ai encore des frissons rien qu'en y pensant !

CHAPITRE 12 :

La visitation du Seigneur *« Il vint parmi les siens mais les siens ne l'ont point reconnu »* (Jn 1,11)

Comme je le disais, le Maître de la Mission a essayé de me parler, *« tantôt d'une manière, tantôt d'une autre et [je n'y ai point pris] garde. »* (Job33, 14) Il est Lui-même descendu jusqu'à moi dans un songe et malheureusement, je ne L'ai point reconnu !

1er signe : La visitation du Seigneur

Cette nuit-là, dans le songe, *j'étais très affairée dans ma maison. J'apprêtais la maison pour le groupe de prières qui avait lieu chez nous tous les mercredis soirs. J'étais vraiment très occupée allant et venant dans les différentes pièces de la maison et donnant des instructions aux personnes qui m'aidaient dans cette tâche. Je me voyais exactement comme Marthe dans l'Évangile qui était si « occupée à divers soins domestiques » pour recevoir ses précieux hôtes à tel point qu'elle n'avait pas le temps de s'asseoir aux pieds du Maître. (Lc 10, 41)*

C'est donc dans cette agitation qu'une des jeunes filles qui m'aidaient vint me dire qu'il y avait un « Monsieur » sur la terrasse qui demandait à me voir. Cela me contrariait un peu car je voyais le temps filer et nous n'étions pas encore prêts. Je me suis mise rapidement dans le pas de porte pour lui parler : c'était un homme noir vraiment «longiligne». Je n'ai que ce terme pour le décrire physiquement car il était de très grande de taille et il me fallait littéralement lever la tête pour tenter de voir son visage. Je me sentais vraiment minuscule face à cet inconnu. Dès qu'il me vit, il se hâta de se présenter le sourire aux lèvres :

— «Bonsoir madame. Je m'excuse de vous déranger mais je viens vous offrir mes services. Je suis un homme à tout faire. Je vais de maison en maison pour faire des réparations. Je répare toutes sortes de choses dans une maison, des vases brisés...»

Pendant qu'il disait des vases brisés, instinctivement mes yeux allèrent vers mon salon : il y avait un meuble-présentoir avec plusieurs vases très beaux dont certains étaient fissurés. En vrai, je n'avais pas ce meuble ni ces vases chez moi. Mais dans le songe, pendant qu'Il me parlait, je voyais ce meuble avec ces vases fissurés dans mon salon. Alors, j'étais, de ce fait, très intéressée par les services de l'inconnu. Mais il y avait, selon moi, un problème majeur... (et vous ne devinerez jamais lequel!)

Et comme s'il lisait dans mes pensées, ayant perçu mon hésitation, le «Monsieur» ajouta comme pour me rassurer :

— «Je suis très rapide hein Madame. Ça ne sera pas long. Je suis très efficace et je peux vous rendre ce service tout de suite même. Ça ne prendra que quelques minutes.»

En fait pour moi, la raison majeure de mon hésitation était le mauvais timing! En réalité, ce n'était pas tant le fait que j'étais trop occupée et en retard sur mon programme pour la réunion de prières. Si ce n'était que cela, ses arguments m'auraient immédiatement convaincue, vu qu'il me rassurait qu'il agirait rapidement. Non, là n'était pas le problème!

La raison majeure de mon hésitation était le fait que ***mon mari n'était pas là****. Et* ***je ne prenais AUCUNE décision sans avoir consulté mon mari!***

Alors je lui répondis le plus posément possible :

— «Je suis vraiment très intéressée par vos services, monsieur. Seulement, mon mari n'est pas là. Je dois d'abord lui en parler. Est-ce que vous pouvez repasser svp ?»

Dès que j'eus dit cela, je vis immédiatement la mine du monsieur se décomposer, il semblait très contrarié, déçu même, je dirais.

— «Je vous rassure, madame, je vais faire vos réparations très rapidement et je vais aller à la prochaine maison. Je travaille vite!»

Je repris :

— «Oui, je comprends mais le problème c'est que mon mari n'est pas là. Je sais qu'il va être d'accord car effectivement j'ai des vases qui ont besoin de réparations. Mais je veux juste lui en parler ***avan****t parce que je le consulte toujours avant de prendre une décision... Pouvez-vous me laisser votre téléphone svp ? Je vous rappellerai dès que je lui en aurai parlé. Je suis sûre qu'il sera d'accord»*

À ma grande surprise, l'inconnu me répondit :

— «Je n'ai pas de téléphone Madame.»

J'étais si surprise et offusquée par sa réponse que je m'écriai :

— « Comment ça vous n'avez pas de téléphone ?! Ici à Douala où tout le monde a le cellulaire, vous n'avez pas de téléphone ?! »

Puis après une minute de réflexion je le suppliai :

— « Bon… Bon… svp, il faut absolument que vous reveniez parce que je suis très intéressée par vos services. C'est vraiment parce que mon mari n'est pas là en ce moment que je ne peux pas vous dire d'agir tout de suite sinon je vous aurais dit oui. »

Et le Monsieur répondit d'une voix triste, un voile de tristesse dans les yeux :

— « Ok mais je ne vous promets rien Madame. Comme je vous l'ai dit, je vais de maison en maison… »

Je l'interrompis :

— « S'il vous plaît Monsieur, revenez, si vous aviez le téléphone je vous aurais appelé dès que j'aurais parlé à mon mari. Mais comme vous n'en avez pas… Svp, revenez ! »

Il y avait une telle déception dans le regard de l'inconnu. Il ne put que se résigner et me dit un « d'accord mais je ne vous promets rien. » Et il s'en alla.

À cet instant précis, je me réveillai dans mon lit, il devait être 3 heures du matin. Je me mis immédiatement en prières et… je n'avais même pas fait une minute dans la prière que je fus saisie d'effroi et je compris avec consternation ce qui venait de se produire.

Je venais d'être visitée par le Maître et je ne L'avais pas reconnu. Comment cela avait pu se produire ? Tous les signes étaient pourtant là, tangibles dans ce songe ! Comment, moi l'amoureuse de Jésus, n'avait pas pu LE reconnaître dans ce songe? Et pourtant TOUT y était! Immédiatement, la parole du Seigneur me revint : «*Il vint parmi les siens mais les siens ne l'ont point reconnu*» (Jn 1,11) Et comme Pierre, après le reniement de Jésus, je fondis en larmes. Je passai tout le reste de la nuit à Lui demander pardon et Le supplier de revenir me visiter mais le Seigneur ne revint plus jamais, en tout cas pas dans ce format-là.

Et pourtant, surtout à cette époque-là, j'avais vraiment **immensément** besoin de Lui dans mon couple. Après l'épisode du «vase plein», et les dures réalités de notre couple, je soupirais tellement après une intervention divine dans mon mariage. C'était à un moment charnière où, pour la première fois, je pensais intérieurement au divorce.

En effet, mon mari et moi traversions notre première grande crise. Et pour la première fois, après quatre ans à espérer que les choses changent positivement, je commençais à désespérer. Je venais de prendre un énième crédit (plusieurs millions de FCFA) à la banque pour l'aider à réaliser un cyber-café, le rêve de sa vie, comme il disait, et il avait commis des erreurs monumentales.

Pendant que moi, je le consultais pour tout, lui avait pris des décisions importantes sans mon accord, dans mon dos, sachant que j'y étais opposée. À raison d'ailleurs, car bientôt, je me retrouvais endettée jusqu'au cou, remboursant à sa place, pour un business bancal tout en supportant financièrement toutes les charges familiales à partir de mon unique salaire! J'étais donc à bout. C'est dans ce schéma que le Seigneur me visita et me proposa Son aide dans ce songe. Malheureusement, je ne L'avais pas reconnu et je m'en voulais terriblement.

Je ne cessais de me demander : «Mais pourquoi ne L'ai-je pas reconnu? Pourquoi, n'ai-je pas dit «oui» tout de suite quand Il m'a proposé Son aide? Pourquoi avoir voulu attendre d'avoir l'accord de mon mari, tout en sachant que tout reposait finalement sur moi?» En plus, c'était dans un domaine relevant uniquement de moi : n'est-ce pas la femme qui est responsable de la tenue de la maison? Que m'importait-il donc de prendre la décision de réparer des vases brisés dans ma maison sans consulter mon mari?

Cela était très révélateur de mon état d'esprit à cette époque-là : être une bonne épouse chrétienne, soumise à son époux quelles que soient les circonstances. J'étais tellement convaincue qu'en faisant ma part, les choses ne pouvaient qu'aller pour le mieux que je ne voyais même pas les signaux que le Maître de la Mission, le Seigneur Lui-même, m'envoyait!

C'est dans tout ce fouillis qu'arriva notre troisième fils. Heureusement, ma relation avec le Seigneur n'avait pas été entachée par mon manque de sagesse et de discernement. Sa Fidélité a toujours été grande pour nous. Il avait toujours fait sa part, comme promis.

Si vous êtes curieux de savoir comment s'est «achevée» cette première grande crise dont je vous parlais plus haut, eh bien! Le Seigneur est finalement passé par son serviteur, le Pasteur de la communauté que nous fréquentions à cette époque. Il lui a révélé que nous étions au bord de la séparation et qu'il nous fallait un suivi avec le couple pastoral. Cela eut un effet placebo, jusqu'à la seconde crise, puis la 3e et la 4e au point où je ne les comptais plus.

Un 2e signe majeur m'avait été donné par le Seigneur, deux années plus tard. Et là encore, je ne l'avais pas identifié comme tel. Ce n'est qu'au moment du brisement de mon foyer au Canada, que je compris enfin.

En effet, quelque temps après la venue au monde d'Elisha, notre troisième fils, j'étais en mission de travail à Libreville (Gabon) quand le Seigneur m'annonça tout de go : *« Martine, je renouvelle mon Alliance de Fidélité avec toi. Je te confie l'autorité parentale sur les enfants. »* Puis Il renouvela Son Alliance avec moi et ma descendance et nous bénit. Quand bien même j'étais intriguée et que je n'avais pas du tout compris la portée majeure de cette déclaration et de cette action prophétique du Seigneur, je ne m'y attardai pas plus. Surtout, que cela me semblait comme un cheveu sur la soupe : notre procédure pour le Canada était en bonne voie et nous allions avoir très bientôt l'occasion de remettre notre famille sur les rails. Pour moi, cette déclaration ne faisait tout simplement pas de sens : « Comment pouvais-je avoir l'autorité parentale sur les enfants quand leur Père était en vie et détenait d'office, en tant que chef de famille, l'autorité parentale ? » Alors, je l'avoue, je n'avais pas cherché à comprendre le pourquoi du comment. J'avais juste pris acte de cette information sans en mesurer la portée et étais surtout heureuse de ce que le Seigneur nous renouvelait son Alliance.

3e signe : le mois d'après, alors que j'étais en mission à Ndjamena (Tchad), le Seigneur me confirma dans un songe notre départ effectif et imminent pour le Canada. Dans ce songe, nous étions au Canada et j'accompagnais les enfants à l'école du quartier en marchant. J'étais seule avec eux, *sans leur Père*, mais cela ne m'alarma pas outre mesure. Là encore, je ne saisis point le message subliminal !

Aujourd'hui, je puis confirmer que le Seigneur me parla de différentes manières mais je n'y pris point garde. (Job33,14) Le Seigneur m'avait envoyé plusieurs signaux pour que je rectifie mon attitude dans le mariage et « ma bonne disposition » vis-à-vis de mon époux. Mais j'étais volontairement aveugle.

Lorsque la séparation survint, il y a huit ans, et que je commençai à parler enfin des réalités de notre couple, plusieurs personnes n'eurent cesse de me dire : « l'amour rend aveugle ». Je donnerai à ces personnes exactement la même réponse aujourd'hui qu'il y a huit ans : « Non, je n'étais pas aveuglée par l'amour. Je savais pertinemment ce que je faisais. Je courais tout simplement avec la Vision que le Seigneur m'avait donnée. Alors si j'étais aveuglée, ce n'était certainement pas par l'amour mais par la Vision d'un mariage qui glorifie le Seigneur, la foi que nous allions y arriver ! » Mais heureusement, *« la Foi sans les œuvres est morte »* (Ja2,26). Et c'est précisément ce qui m'a finalement sauvée de ce mariage qui me conduisait tout droit hors de ma destinée !

CHAPITRE 13 :

À contre-courant !

J'ai pris le temps ces huit dernières années de me poser la question de savoir ce qui me donnait autant de zèle dans mon foyer.

Avec le recul, je crois savoir ce qui a motivé mon attitude et surtout pourquoi je n'ai pas reconnu « l'ouvrier inconnu » comme mon Seigneur. Un début d'explication peut être trouvé dans ce qui suit.

« Mon Dieu, mon Dieu, pourquoi m'as-tu abandonnée ? » Mt27,46

De fait, une des explications de mon attitude lors de la visitation du Seigneur peut se trouver dans ce récit :

Peu de temps après notre mariage, je vécus une expérience spirituelle très étrange dans mon âme et dans ma chair. Je vous ai déjà décrit la solidité du lien qui m'unissait au Seigneur depuis l'adolescence. Notre relation avait toujours été très fusionnelle et elle m'était plus que précieuse. Une après-midi, alors que j'étais couchée, la tête sur le torse de mon époux, je sentis une force me quitter et immédiatement, je fus envahie par une énorme tristesse, ayant perçu dans mon esprit ce qui venait de se produire ! Et je me mis à pleurer à chaudes larmes en Lui demandant « Pourquoi ? » C'était exactement le « pourquoi » de Jésus sur la Croix, sentant la séparation d'avec Son Père ! Pourquoi se séparait-Il de moi ? Je n'arrêtais pas de Lui dire que je ne voulais pas… Et Lui de me répondre de Sa douce Voix : « Martine, Il le faut ! Tu es mariée maintenant, c'est à ton époux que tu dois être unie. » J'étais désespérée. Même à mon époux, je n'arrivais pas à trouver les mots pour décrire ce que je ressentais. Je me suis donc décidée à me confier à la femme du Pasteur T. Pendant que je lui racontais ma mésaventure d'un ton très grave, je me surpris à la voir éclater de rire ! Je me demandais bien ce qu'elle pouvait trouver de drôle dans une situation si douloureuse. Puis elle me dit : « Martine, toi au moins, Il a pris le temps de t'expliquer. En fait, c'est ce qui doit être. Jusqu'à présent tu avais une relation privilégiée Père-fille avec le Seigneur. Maintenant que tu es mariée, tu dois comprendre que selon la hiérarchie du Seigneur dans le mariage, c'est Dieu-le mari-l'épouse-les enfants. Tu es certes la fille chérie du Seigneur mais Il se doit de respecter l'ordre qu'Il a Lui-même établi. De sorte que lorsque tu as des besoins, c'est le mari qui y pourvoira. Cela ne veut pas dire que tu ne dois pas aller vers ton Père. Mais Le Seigneur bénira ton mari afin qu'il réponde à tes besoins. D'où l'importance de beaucoup prier pour ton mari pour qu'il reste connecté au cep selon Jn15,5 »

Je crois effectivement que j'avais trop bien intégré cet enseignement donné par cette servante de Dieu pour qui j'avais énormément de considération. J'avais certes adopté cette attitude de foi et d'abandon du Seigneur, à contrecœur, mais avec bravoure et courage. Ceci pourrait donc expliquer cela, selon moi.

Mais encore une fois, aujourd'hui, avec le recul, je me dis que j'aurais dû écouter mon cœur et faire beaucoup de « fugues » pour aller me réfugier chez mon p'tit Papa d'amour autant de fois que je voulais, et ce, sans aucun protocole. Mais bon à l'époque, rappelez-vous, le zèle de la Mission me dévorait et j'étais convaincue d'agir pour Lui alors… Rires

Ce qui est triste, c'est que c'est malheureusement l'attitude de beaucoup de femmes chrétiennes dans le mariage. Plus royalistes que le Roi ! Et ces filles du Roi des rois ont une telle définition de la soumission et de l'aide à apporter au mari qui choque et contrarie parfois le Seigneur Lui-même. Pour ma part, je ne l'ai compris qu'après huit ans de relations bancales, disloquées, tordues…

Alors, j'étais comme vous, mes sœurs, je croyais bien faire, dopée par tout ce que je viens de vous décrire, oubliant qu'il me fallait être **objectivement** *sous la mission* de mon mari et non perdre mon bon sens dans les divagations et les errements ! Comment pouvais-je être aveuglément soumise à un homme qui de toute évidence n'était pas à la hauteur de la Mission malgré toute l'aide que je lui apportais ? Nous allions tout droit dans le mur, nous allions tomber dans le trou béant qui était devant nous, comme deux aveugles qui se suivent à la queue-leu-leu. J'étais tellement lancée dans mon élan ! Je courais avec la vision que m'avait donnée le Seigneur, et surtout je me savais au travail pour Lui alors je ne me rendais même pas compte que je dépassais les limites.

Je me rappelle particulièrement la réaction de ma gestionnaire de compte bancaire, lors d'une énième demande de prolongation de prêts : elle était si « émerveillée » (le mot était d'elle) de voir une jeune femme mariée comme elle qui, chaque fois qu'elle devait faire une transaction de prêt, appelait son mari pour avoir son accord avant de valider la transaction. Surtout en sachant que c'était l'unique salaire de cette jeune femme qui alimentait le compte conjoint du couple. Elle n'arrêtait pas de me dire qu'elle m'admirait pour le respect et la considération que j'accordais à mon mari. Mais pour moi, et selon ma compréhension de la Parole de Dieu, *ce n'était que chose normale*.

Paradoxalement, je me rappelle également, le conseil avisé de l'une de mes grandes sœurs : «Martine, je sais que tu respectes la parole de Dieu, et moi aussi d'ailleurs, mais stp ouvre-toi un petit compte par devers ton mari pour y mettre quelques économies. **On ne sait jamais ce que l'avenir nous réserve.**»

Et c'est justement la dernière phrase-même de son discours que je refusais d'entendre : il n'y a pas de «on ne sait jamais» qui tienne ! Je refusais l'idée même d'un éventuel échec de mon mariage.

Pour moi, le sort de notre foyer était connu d'avance : Dieu était avec nous, l'avenir ne pouvait qu'être radieux. Donc, je n'avais pas besoin, absolument pas besoin, de me mettre en porte-à-faux avec la Parole de Dieu en faisant des «cachotteries» dans le dos de mon époux.

Bon, à ce sujet, l'avenir m'a finalement montré que je n'avais pas *forcément* eu la bonne attitude, au vu des événements qui s'en sont suivis. Mais je demeure profondément convaincue, même aujourd'hui, que j'avais la bonne posture car la Parole de Dieu nous demande d'être un dans le mariage. Et ce, sur tous les plans. Ce n'est pas parce que l'autre n'a pas été vrai qu'il faille remettre la Parole de Dieu en cause…

Cependant, j'ai appris de mes erreurs et si je devais recommencer, j'aurais volontiers ouvert un compte-épargne uniquement en mon nom sans lui en donner l'accès, ne serait-ce que pour le bien des enfants, advenant un coup dur. Mais je l'en aurais informé et je lui aurais expliqué le bien-fondé, même s'il ne comprenait pas ou s'il manifestait son mécontentement. Et je crois que c'est dans ce sens qu'il me fallait prendre le conseil de ma sœur aînée. D'ailleurs, quelques années plus tard, alors que nous faisions face à une énième crise financière qui menaçait encore une fois de faire chavirer le bateau, l'épouse d'un homme de Dieu que je respectais beaucoup, la même de l'épisode de « l'abandon du Seigneur », m'avait donné le même conseil que ma sœur aînée. Mais il était trop tard pour le mettre en pratique car le Seigneur nous ouvrait finalement une autre porte de sortie de crise : notre immigration au Canada !

Comme le disait mon feu père : *« la plus belle femme du monde ne peut donner que ce qu'elle a. »* Cela ne tarderait pas à péter si les choses ne changeaient pas, c'est certain.

Malgré tout, ma foi dans *« l'offre du roi »* continuait à rester ferme. Elle vacillait, certes, mais elle restait profondément inébranlable.

Je priais beaucoup pour mon foyer… Oh que oui ! Je vous assure que j'ai prié pour mon foyer, pour l'accomplissement de la Vision… Si ce mariage a échoué, ce n'est certainement pas faute d'avoir jeûné et prié pour mon foyer…

Alors, si vous vous demandiez comment j'ai pu consentir de tels sacrifices en tant que femme, épouse et mère ; comment j'ai pu accepter de continuer à jouer mon rôle d'épouse sans me rebeller publiquement, vous le savez à présent.

Pour récapituler, voici les points clés qui me motivaient dans mon mariage :

- Ma discussion avec le Seigneur à la suite de *l'offre du Roi* et mon « Oui au Seigneur »
- Le songe de *l'Alliance en bronze*
- *Le conseil de mon M-C* me demandant de me mettre au niveau de mon mari pour avancer ensemble
- *L'ensemble des* confirmations reçues du Seigneur pendant les préparatifs du mariage…
- *Ma discussion avec l'épouse* de mon pasteur au sujet de ma *soumission* à mon mari
- *La certitude d'être dans le plan de Dieu* pour mon mariage
- *Mon Alliance avec le Seigneur*

CHAPITRE 14 :

Le Divorce

«J'aime le Seigneur, je me suis mariée dans Sa volonté parfaite et... JE DIVORCE!»

C'est ainsi que ce livre aurait pu s'intituler en paraphrasant la célèbre citation du 41e président américain George W. H. Bush : *«Je suis Américain, je suis président des États-Unis et je ne mangerai plus de brocoli.»*

Je ne vous souhaite pas d'en arriver là, mesdames, et vous non plus, messieurs, filles et fils du Royaume. Et c'est aussi cela l'objectif de ce livre.

- Pour celles et ceux qui sont déjà mariés, surtout dans le Seigneur, puisse-t-Il vous accorder cette grâce de redresser la barque de vos foyers avant qu'il ne soit trop tard.

- Pour celles et ceux qui ne sont pas encore mariés, puissiez-vous trouver en ce livre un guide qui vous aidera à éviter les pièges qui se dressent sur le chemin de votre Mission dans le mariage.

Quant à moi, j'étais tellement lancée sur le chemin de ma destinée. Et même si, malgré tous mes efforts, les choses semblaient aller à vau-l'eau, je continuais d'y croire. Et qui mieux que **le Maître de la Mission** pour mettre fin à ma folle course vers l'abîme?

Je suis certaine qu'à ce stade de la lecture, après tout l'historique que je viens de vous donner, vous avez suffisamment d'éléments pour le comprendre. Cela n'allait d'ailleurs pas tarder à arriver.

« *Vous êtes une plantation de l'Éternel pour servir à sa gloire.* » (Es61,3)

Ce sont là les paroles que le Seigneur m'avait adressées dès les premières heures de notre mariage. Alors, en plein cœur de la tempête, lorsque années après années nous tanguions, incapables de redresser notre barque, malgré les nombreux clins d'œil du Seigneur, cette question me taraudait constamment l'esprit : « en quoi notre mariage glorifiait-il vraiment le Seigneur ? Quels sont les fruits que nous portions pour Lui après cinq, six ans de mariage ? »

Ne vous y méprenez pas : je ne doutais absolument pas des promesses du Seigneur pour mon mariage. Et d'ailleurs quand, au plus fort de la tourmente, les uns et les autres voulurent me faire confesser que j'avais commis une erreur en me mariant avec la mauvaise personne, j'avais toujours maintenu, et je le maintiens encore aujourd'hui, que je ne renierais jamais *« l'offre du Roi »*. Car oui, cette offre venait bien de mon Jésus. Je n'oserais jamais remettre cela en cause et laisser l'ennemi insinuer dans mon esprit cette fameuse question-piège *« Dieu a-t-il vraiment dit... ? »*

Non, je ne me suis pas trompée de partenaire. Non, je n'ai pas commis d'erreur. J'ai épousé exactement la personne que le Seigneur a voulue pour moi. Et je suis heureuse de Lui avoir obéi. Si c'était à refaire, je le referais. Que cela soit clair ! Bien sûr en changeant certains paradigmes dont j'ai parlé au chapitre précédent.

«Ça passe ou ça casse!»

C'est la réponse que me donna le Seigneur une nuit de janvier 2013 lorsque, brisée et perdue, je lui demandai de m'expliquer ce qui se passait dans mon couple et comment interpréter les événements en cours. Comme vous pouvez vous en douter, cette réponse du Seigneur me déconcerta au plus haut point. Il me répondit clairement avec le calme que je Lui connais : «*Martine, si tu ne te lèves pas pour ton foyer, si tu ne saisis pas le taureau par les cornes, si tu continues à avoir la même attitude que tu as eue depuis le début de votre mariage, dans dix, vingt, trente ans tu auras le même résultat. Rien ne va bouger. Alors,* ***ça passe ou ça casse****. Lève-toi et agis!*» Et partant du passage du règne du roi Darius dans le livre d'Esdras, Il m'expliqua comment est-ce que le temple devait être détruit pour être rebâti. Il m'expliqua également la symbolique du chiffre 8. Comment est-ce que, la huitième année était l'année du chaos, de la destruction. Alors il ne fallait pas que je sois surprise de ce que cela arrivait la huitième année de mon mariage. En un langage assez clair, le Seigneur m'expliqua que si mon mariage ne passait pas le cap de cette épreuve, cela voudrait dire que la fondation n'était pas suffisamment solide, etc., etc. Pendant que je L'écoutais parler, je comprenais exactement de quoi Il parlait. Cependant, j'essayais, malgré tout, de trouver un contre-argument, quelque chose qui le déciderait à agir pour redresser la barque, pour qu'Il «*éloigne de moi cette coupe autant que cela était possible.*» (Mt26,39) Mais rien ne me venait à l'esprit car je savais *qu'Il avait raison*... comme d'habitude. C'était bien la voix de mon Seigneur, de mon Jésus, cette voix que j'avais appris à distinguer entre mille et qui qui m'accompagnait depuis l'âge de quinze-seize ans : la même que celle qui m'avait fait «*l'offre du Roi*» ! Cela ne faisait l'ombre d'un doute. Et je savais au fond de moi que c'était la voix de la Sagesse.

Je me souviens avoir péniblement formulé d'une voix presque éteinte : «*Ce sera trop lourd. Seigneur, fortifie-moi.*»

C'est la seule prière que j'ai pu formuler cette nuit-là. D'aussi loin que je me souvienne, cette courte prière a été exaucée promptement car Il m'a effectivement soutenue dans le tsunami qui a suivi. Et Il continue encore de le faire aujourd'hui, huit ans plus tard.

Mais revenons aux événements qui ont précédé cette fracassante réponse du Seigneur.

Le rêve canadien : la terre de toutes les promesses, la Grâce d'un nouveau départ !

C'était un projet que j'avais mis sur la table dès les premières heures de nos fiançailles. J'avais ce vieux rêve de jeune fille, que je ne voulais réaliser qu'une fois mariée car je ne voulais pas le faire seule : immigrer au Canada. J'en parlai à mon fiancé qui avait tout de suite adhéré à l'idée et dès 2007, après la naissance de notre premier fils, profitant d'un séjour en France, j'avais entamé la procédure qui était en bonne voie.

Avec la situation de notre famille, je plaçais beaucoup d'espoir dans ce projet : cela allait sauver notre foyer, pensais-je.

On allait pouvoir remettre de l'ordre dans notre famille et mon mari deviendrait enfin le pourvoyeur, «le véritable chef de famille» avec tous ses attributs. J'étais convaincue qu'une fois à *Canaan* (comme je me plais à l'appeler), dans ce pays *«où coulent le lait et le miel en abondance»* (Ex33,3), mon époux aurait facilement un travail honnête pour prendre soin de sa famille, et ce, nonobstant son niveau d'études. Je me disais que dans un pays développé comme le Canada, avec toutes les ressources disponibles, il était possible à toute personne désirant réussir d'y arriver. Peu importent le niveau scolaire, l'âge, pourvu qu'on le veuille, on peut travailler, retourner aux études pour aller chercher des compétences manquantes, bref, reprendre sa vie en main. Et le Québec était parfait par son statut francophone en Amérique du Nord, donc pas de barrière de la langue. Je disais souvent en rêvant : «Quand on sera au Canada, toi, tu travailleras et moi, je resterai à la maison pour m'occuper des enfants et me reposer.»

À la vérité, une palette d'opportunités allait s'offrir à nous et surtout la possibilité de remettre de l'ordre dans la fondation de notre foyer. Cela était un impératif car *«lorsque les fondements sont renversés, le juste, que ferait-il?»* (Ps11,3)

À mon grand dam, je dus encore porter seule ce projet de bout en bout. J'aurais voulu que mon époux s'impliquât, qu'il s'en imprégnât surtout que nous avions une entrevue de sélection à faire… Bref! N'eut été la grâce de Dieu, nous aurions été recalés. Dans la conduite de ce projet, malgré la révolte et la déception qui couvaient, je devais faire ma part, continuer encore et encore. Et mon mari, je l'avoue, surfait sur cette vague. Quand une énième crise éclatait, il se plaisait à me rappeler que ce serait dommage que je perde tout, si près du but : il savait que notre situation changerait, qu'il finirait par être riche, par être cet homme de Dieu mondialement connu que le Seigneur avait dit de Lui (le Seigneur me l'avait d'ailleurs annoncé dans des songes). Il m'exhortait donc à la patience, car j'avais tout à y gagner ! Et qui accepterait de semer sans s'attendre à la récolte ?

Pour qui connaît la psychologie féminine, une femme mariée ne demande qu'à être rassurée par son mari, peu importe la situation. La plupart du temps, les paroles dites à propos suffisent. Et en l'occurrence, cela suffisait pour me remettre d'aplomb.

Oui, mais le fait est que dans notre cas, rien, absolument rien ne soutenait ses dires. L'argent ne tombe pas du ciel : comment comptait-il en gagner sans travailler ?

Notre premier fils avait déjà cinq ans, le deuxième trois ans et le dernier dix-huit mois. Et les charges ne cessaient d'augmenter, surtout que le cyber-café avait fermé depuis belle lurette et que nous accumulions aussi des arriérés de loyers impayés… Je devais couvrir toutes ces charges avec mon unique salaire qui ne suffisait d'ailleurs plus. Je croulais sous les dettes. Je ne percevais en réalité que le tiers de mon salaire car les différents prêts étaient prélevés à la source. Tout le monde savait dans mon entreprise que j'avais des soucis financiers. J'étais donc la risée de mes collègues. Et certains en avaient marre de devoir me dépanner constamment. J'empruntais à tout va, et même à des collègues qui avaient un salaire trois à quatre fois plus petit que le mien.

Alors oui ! Le rêve canadien était, en mon sens, la meilleure issue de secours pour notre famille : la dernière chance pour un bon départ. Mais là encore, j'avais une mauvaise lecture des choses… Et bientôt, j'allais déchanter.

L'arrivée à Canaan, la terre promise : le Canada

Nous foulâmes le sol canadien le 3 novembre 2011. Et je criai : «*Ebenezer! Jusqu'ici, le Seigneur nous a secourus.*» (1Sa7,12) Nous étions enfin arrivés dans le pays de toutes les promesses. Là où nous allions pouvoir remettre en place les fondations de notre maison et surtout commencer enfin le Ministère auquel le Seigneur a appelé mon époux.

J'avais tellement été interpellée par le Seigneur durant ces six années de mariage. Mais chaque fois, je répondais : «Seigneur, tu sais que c'est ton serviteur j'attends. C'est lui que tu as appelé, c'est lui le chef de file, pas moi. Dès qu'il se lève moi je l'accompagne.» Et j'étais fière de moi car au moins sur ce coup, je ne pouvais pas jouer les «wonderwoman».

Après notre installation, j'avais dû retourner au Cameroun en décembre 2011 pour régler les formalités de mon départ définitif avec mon employeur. Pendant que j'y étais, le Seigneur me mit à cœur que c'était vraiment le temps de commencer Son œuvre au Canada. Dans mon habituel et désormais légendaire zèle, je décidai de faire une alliance avec le Seigneur dès mon retour au Canada en janvier 2012. Pour la première fois, je pris l'initiative d'une Alliance avec Lui pour le Ministère de mon époux : je Lui promis de soutenir le Ministère de mon époux à travers un moment de Jeûne et prières tous les mercredis jusqu'à ce que son Appel dans le Ministère se concrétise.

Le Maître dort...

Comme résolu, chaque mercredi, je m'arrangeais à avoir mon cœur-à-cœur avec le Seigneur, et ce, à l'insu de mon mari. C'était notre «secret». Eh oui! Les six années qui venaient de s'écouler m'avaient beaucoup appris et je commençais à prendre des initiatives sans plus attendre mon époux. C'était donc ainsi jusqu'à ce fameux mercredi où, comme tous les mercredis, m'étant réfugiée dans le lieu secret pour mon intercession, le Seigneur me conduisit dans l'Évangile, la scène de la mer agitée et Jésus dormant dans la barque. (Mt8,23-24)

Je savais que c'était un message en lien avec le sujet de mon intercession. Donc, je dis au Seigneur : «Oui, je sais qu'il (mon mari, ton serviteur) dort, c'est pourquoi je viens te supplier de le réveiller pour qu'il commence enfin ce Ministère auquel Tu l'as appelé. Ne serait-ce que commencer avec les premières brebis que Tu lui as confiées, à savoir les enfants et moi. Nous sommes les premiers membres du Ministère.» Et le Seigneur de me répondre : «Non, tu ne comprends pas : c'est Moi-même qui dors dans sa barque!»

J'étais consternée en entendant cela. Comment? Le Seigneur, Lui-même, dort dans la barque de mon époux? C'est quoi cette affaire-là? Qu'est-ce que je dois comprendre par cela?

En fait, j'avais, très bien, et trop bien compris même ce que le Seigneur essayait de dire. Seulement, je ne savais que dire à cela, que demander... J'étais tellement déstabilisée que j'eus juste la force de mettre fin à ce moment et par le fait-même à l'Alliance en laissant le soin au Seigneur de régler Ses contentieux avec Son serviteur. En effet, si le Seigneur dort dans la barque de Son serviteur, qu'y pouvais-je? Ce n'était pas à moi, mais bien au principal concerné de Le réveiller.

Une lueur dans la nuit : Lenah!

En avril-mai 2012, alors que j'étais en pleins préparatifs de mon retour aux études, je découvris que j'étais enceinte.

En fait, notre déménagement au Canada n'avait pas encore les effets escomptés, surtout avec les signes que je voyais chez mon époux et qui me rappelaient abruptement du déjà-vu. Il me fallait anticiper si je ne voulais pas qu'on soit abonné à l'aide sociale. Quitter une situation professionnelle enviable en Afrique pour venir «faire la manche» au Canada, non merci! Je décidai donc de mettre au placard mon rêve de «me la couler douce au Canada» et je pris la courageuse décision de retourner aux études pour suivre une formation qualifiante et m'ouvrir ainsi les portes d'un boulot décent. Et ce, en dépit de la désapprobation de mon époux. Comme le dit l'adage : «*chat échaudé craint l'eau froide*». Je n'attendais plus son aval pour faire ce que j'estimais juste. Surtout en me remémorant l'épisode de la «*visite de l'inconnu*».

Alors, la nouvelle de cette quatrième grossesse ne me réjouissait pas particulièrement...

On était au deuxième mois de la grossesse et on ne savait pas encore le sexe du bébé. Un soir, alors que je pleurais dans mon lit, j'entendis le Seigneur m'interpeller : «*Martine, ne sois pas triste à cause de cette grossesse. Car l'enfant qui va naître sera une grande source de joie pour toi. Elle s'appelle Lenah, l'enfant à naître s'appelle Lenah. Elle sera une grande source de joie.*» Immédiatement j'arrêtai de pleurer. Waouh! J'avais tellement d'informations en si peu de mots. Mais surtout une information spécifique qui réjouissait la Maman de trois garçons que j'étais : une fille allait naître, un peu de rose pour colorer ce monde bleu.

Je notai donc la prophétie dans mon journal et je me mis à chercher sur Internet l'origine de ce prénom, Lenah, que je ne me souvenais pas avoir déjà entendu. Puisqu'on était qu'au deuxième mois de grossesse et qu'on ne pouvait pas encore savoir le sexe de l'enfant par échographie, je me gardai de partager avec mon époux la prophétie que je venais de recevoir. Quelque part cela me permettait aussi de sauver mon « honneur » au cas où ce ne serait *pas vrai*. Je sais ce que vous pensez à cet instant précis mais, même si je suis habituée à entendre la voix de Dieu depuis des décennies, je me garde toujours une part de gêne, comme disent les Québécois. L'ennemi peut être très rusé. Rires.

Ce n'est que lorsque le sexe de l'enfant fut effectivement confirmé par l'échographie que je parlai à mon époux de ce que j'avais reçu du Seigneur. Malheureusement, il ne me crut pas et c'était bien dommage. Pour lui, je voulais prénommer le bébé ainsi en hommage à ma nouvelle amie Harlène, cette sœur que le Seigneur m'avait donnée à notre arrivée au Canada et dont le petit nom était Lena ; une information que j'ignorais d'ailleurs complètement à cette époque et que mon époux avait eue au détour d'une conversation avec la concernée.

Quoi qu'il en soit, la grossesse se déroulait bien et je retournai quand même aux études, étant enceinte ! Ce que je déconseille totalement d'ailleurs. Très mauvaise idée. Le seul avantage que j'y vois, en revanche, c'est le fait que le fœtus apprend en même temps que la mère et que son QI va s'en ressentir. Si cela peut encourager certaines téméraires qui voudraient s'y aventurer comme moi…

En tant que femme, hormis la prophétie annoncée par le Seigneur, cette grossesse revêtait une importance particulière. En effet, à cause de la situation de notre famille au Cameroun, je n'avais pas eu le plaisir de recevoir de mon époux le trousseau pour la naissance d'aucun des garçons.

Vous allez trouver cela ringard peut-être. Mais pour moi, qui n'avais pas eu de trousseau au moment de ma naissance du fait de l'absence de mon père, je vivais très mal le fait que mes enfants n'en recevaient pas non plus de leur père. Dans mon entendement, et selon ma culture, faire un trousseau pour la venue au monde de son enfant confirme non seulement la paternité de l'auteur de la grossesse mais aussi le sens des responsabilités qui lui incombent en tant que père (pourvoyeur). Une façon pour lui de dire : «je reconnais que je suis le père de l'enfant à naître et je prends mes responsabilités vis-à-vis de cet enfant.» Cela lui donne aussi derechef le droit de le reconnaître, de partager son patronyme avec cet enfant. Et cela revêtait une importance capitale pour moi qui avais dû porter le nom de mon grand-père adoptif pendant les huit premières années de ma vie pour les raisons que je viens d'évoquer.

C'est dire donc les attentes que j'avais vis-à-vis de mon époux par rapport à cette énième grossesse. Cela permet également de comprendre pourquoi, encore aujourd'hui, l'absence du père dans la vie de nos quatre enfants reste si difficile à accepter. Et entendre certains prétendre que j'y trouve un quelconque satisfecit est tout simplement cruel. Mais revenons au récit.

Heureusement, nous étions désormais à «*Canaan*», ce «*pays où coulent le lait et miel en abondance*» (Ex33,3), un pays où mon époux ne pouvait plus prétexter le manque de travail pour ne pas assumer ses responsabilités familiales. En travaillant honnêtement, peu importe le travail, il pouvait assumer ses responsabilités vis-à-vis de cette grossesse. Ayant appris de mes erreurs durant les sept années qui venaient de s'écouler, je me faisais un point d'honneur à ne pas «l'aider» dans cette tâche, cette fois-ci. Il pouvait enfin me montrer son sens des responsabilités.

D'ailleurs, il en était à son quatrième emploi depuis notre arrivée au Canada et ce dernier poste dans cette grande enseigne de distribution semblait bien lui réussir. Il avait les appréciations de ses managers et il se sentait valorisé. Tant mieux.

Mais c'est aussi là que tout bascula.

Un inconnu dans ma vie

Alors que je m'attendais à un juste retour de la manivelle, un époux prévenant et priorisant sa famille nucléaire, surtout avec un enfant à naître, je me retrouvai surprise de découvrir un homme égoïste, imbu de lui-même et arrogant. Il avait maintenant ses propres priorités et ne voulait surtout pas avoir de compte à me rendre. Il était maintenant question de s'inscrire en salle de gym, de s'offrir des vêtements de marque, de venir en aide à sa famille au pays et épargner pour des projets personnels. Tout ça, sans que le loyer et les charges de la maison soient payés. Et comme je lui en faisais la remarque, il finit par me dire : «*C'est mon argent que j'ai durement gagné et j'ai le droit d'en faire ce que je veux.*» Il se résolut tout de même à me donner sa carte bancaire pour faire le trousseau de notre fille. Alléluia !

Toutefois, à mon grand dam, mon époux avait été peu présent durant la grossesse de notre fille : il travaillait et n'avait pu assister à aucune visite prénatale. J'avalai difficilement la pilule mais je n'avais pas le choix : je voulais qu'il travaille et il travaillait.

Et les choses ne tardèrent pas à se détériorer à la suite d'une série d'incidents survenus au moment de l'accouchement.

1er incident : le manque d'implication

Le soir où la petite donna le top départ, mon mari ne savait pas quoi faire. Vu qu'il n'avait jamais été présent pour la venue de nos garçons et qu'il n'avait pas été aux séances de préparation à l'accouchement non plus, il ne savait quelle attitude adopter. Je devais donc, malgré les horribles contractions qui me faisaient plier de douleur, lui dicter ce qu'il devait faire : la totale. Je me coulai un bain relaxant seule, j'essayai de gérer la douleur du mieux que je pus, jusqu'à atteindre le niveau de tolérance 0. Et là je lui demandai de m'amener à l'hôpital.

Mais voilà, il y avait un problème : il n'avait pas priorisé le changement de son permis de conduire et c'était moi qui conduisais la petite famille lors de nos déplacements depuis qu'un policier lui avait intimé l'ordre, en présence des enfants et moi, de ne plus utiliser son permis du Cameroun. De fait, il n'en avait plus le droit après six mois au Canada. Donc il ne pouvait plus conduire.

Quand il me demanda s'il devait appeler le taxi ou l'ambulance, j'explosai : « *Appelle qui tu veux mais emmène-moi à l'hôpital, je suis en train d'accoucher!»* Il était 3 heures du matin en plein mois de janvier, donc au cœur de l'hiver canadien, et je transpirais à grosses gouttes.

Finalement, il opta pour l'ambulance. C'était moins d'une, car le bébé vint au monde dès notre arrivée à l'hôpital, à peine installée sur la table d'accouchement. Quand ma gynécologue qu'on avait réveillée en pleine nuit arriva aux urgences, je tenais déjà avec bonheur ma fille dans mes bras. Encore une preuve de la fidélité de Dieu! Il était 4 heures du matin.

2e incident : une absence remarquée

Ah! J'avais omis de préciser que mon époux n'avait pas pu embarquer avec moi dans l'ambulance. Il devait garder les garçons et, de toute façon, comme il me le dira plus tard, l'ambulancier lui avait dit qu'il ne pouvait pas monter car il n'y avait pas de place pour lui dans l'ambulance. Rien que ça.

Évidemment, après l'accouchement, j'étais éreintée alors je me reposai jusqu'à 10 heures. J'avais été installée dans ma chambre et la petite était à la nurserie. Je m'étonnais de ne pas avoir vu ni entendu mon époux jusque-là. Je me disais qu'il devait certainement être en train de patienter en salle d'attente et qu'il arriverait dans ma chambre d'un moment à l'autre à mon réveil. Après un moment, ne le voyant pas arriver, je décidai d'appeler la maison pour parler aux garçons et leur annoncer la bonne nouvelle. À ma grande surprise, leur père était avec eux. Et il était même surpris d'apprendre que le bébé était déjà là.

En fait, il n'avait même pas essayé d'appeler l'hôpital pour prendre des nouvelles depuis mon départ de la maison avec l'ambulance. Selon ses dires, il essayait de trouver une solution de garde des deux plus jeunes garçons et cela n'avait pas été facile. Mais il avait fini par trouver un couple d'amis qui était en chemin pour le dépanner alors il viendrait nous voir, le bébé et moi, incessamment. Premier nuage sombre dans ce ciel rosé de janvier 2013.

3e incident : juste un burger !

Alors, pour ne pas rester sur une note négative, je lui demandai de me rapporter un burger à midi car la nourriture de l'hôpital ne me satisfaisait pas généralement. Et je voulais vraiment bien manger après les efforts fournis durant l'accouchement. Il me promit de faire vite. Je le rappelai sur son cellulaire à 11 heures et il me dit qu'il était dans le taxi et s'arrêterait en chemin pour me prendre le burger. À 12 h 30, je le rappelai encore et il était toujours en chemin, m'assura-t-il. Je n'avais encore rien mangé depuis le matin et mon ventre criait famine. Toute personne avisée sait qu'une nourrice a une faim de loup. Surtout quand elle doit produire suffisamment de lait pour nourrir son bébé. Bref, j'étais affamée et j'en avais assez d'attendre. Alors, agacée, je lui demandai de laisser tomber et je mis fin à l'appel. Eh bien, croyez-le ou non, mon cher époux me prit au mot. Et ce fut les mains vides qu'il arriva à l'hôpital 45 minutes plus tard (je précise que l'hôpital est à 20 minutes maximum de la maison) !

Ce dernier incident, pourtant anodin, eut pour effet de me mettre dans un profond courroux. Non seulement, il n'était pas là au moment de la venue du bébé (ce que je lui concédais vu les circonstances), mais en plus il n'était pas fichu de m'envoyer un *simple* burger ! Et pour couronner le tout, il s'était amené les mains *vides* ! Même pas un p'tit bouquet de fleurs pour la venue de notre fille chérie!

Alors, croyez-le ou non, ce fut la goutte d'eau qui fit déborder le vase. J'avais trop supporté, trop accepté, trop accumulé, je ne pouvais pas accepter cette énième bévue. Mais, en l'honneur de notre fille et par gratitude envers le Seigneur qui nous avait fait la grâce d'avoir cette merveilleuse enfant en bonne santé et surtout pour m'avoir permis de donner la vie sans aucun heurt, je décidai de passer l'éponge. Et je fis contre mauvaise fortune bon cœur.

Mais c'était sans compter sur les circonstances qui s'acharnaient contre nous.

4e incident : le choix du nom du bébé

Quand vint le temps d'attribuer le nom du bébé, nous en avions discuté plusieurs fois auparavant et n'étions pas d'accord. Pour les garçons, il choisissait le nom et selon l'inspiration du Saint-Esprit, on harmonisait. Pour notre fille, comme indiqué précédemment, je lui avais fait part de ce que j'avais reçu du Seigneur le prénom Lenah. Malheureusement, il ne me croyait toujours pas et pensait que je voulais la nommer ainsi en l'honneur d'Harlène, cette sœur que le Seigneur avait mise sur mon chemin dès mon arrivée au Canada. Exactement comme Il m'avait connectée à sa propre sœur au Cameroun. J'avais beau lui expliquer que le prénom m'avait été inspiré par le Seigneur avant même que je ne sache si je portais une fille ou un garçon, rien n'y fit. Et comme j'avais déjà tiré des leçons de mon attitude «passive» au Cameroun, je décidai d'obéir au Seigneur et de maintenir le prénom tel que reçu de Lui. Et ce, malgré la profonde désapprobation de mon époux. Quant à lui, il résolut d'appeler sa fille Ange-Gloria. Et c'est ainsi qu'elle fut appelée : Lenah Ange-Gloria. Et ironie du sort, Harlène, également infirmière dans l'hôpital où j'avais accouché, fut la personne tout indiquée pour nous servir de «témoin» pour la signature du document d'identification du bébé comme l'exige la loi (la déclaration de naissance). C'est donc tout naturellement que je lui demandai d'être la marraine de Lenah et qu'elle accepta ravie, ignorant tout du différend qui m'opposait à mon époux à son sujet. Dès cet instant, Harlène passa immédiatement, aux yeux de mon époux, pour le bouc émissaire sur tout ce qui s'en suivit. Pour lui, mon intransigeance dans les prises de décisions depuis notre arrivée au Canada ne pouvait qu'être due aux mauvais conseils d'une amie telle qu'Harlène. Pour moi, cela ne fit que me démontrer que mon époux ne me connaissait vraiment pas. Hélas !

Il y eut d'autres incidents mais je vous en épargne les détails.

Le jour de notre sortie de l'hôpital, j'en avais tellement gros sur le cœur que je décidai que je ne rentrerais pas à la maison. J'avais besoin de respirer de l'air frais : je n'en pouvais plus.

J'en fis part à Harlène qui justement nous ramenait à la maison, le bébé et moi. Vu que le père n'avait pas trouvé de solution autre pour venir nous chercher, elle s'était gentiment proposée de nous servir de chauffeur pour l'occasion. Je ne pouvais que bénir le Seigneur pour sa présence et sa grande disponibilité. Nous étions de fait à quelques minutes de la maison quand je lui confiai que je ne voulais pas rentrer à la maison et lui demandai si le bébé et moi pouvions occuper sa chambre d'amis pour quelques nuits. Surprise, elle me le déconseilla vivement et mit ma décision sur l'effet des hormones de grossesse et du stress post-partum, le fameux « baby blues ». Je lui dis fermement qu'il n'en était rien et que j'étais très sérieuse. Ce n'est qu'en voyant mon intransigeance qu'elle me prit au sérieux. Elle se gara dans le premier parking qu'elle trouva et pour la première fois, je lui expliquai aussi brièvement que possible mon ras-le-bol, le trop-plein d'une situation vécue depuis le Cameroun et que je ne pouvais plus endurer. Quand j'abordai la question du burger, elle partit d'un éclat de rire et me dit : « *on dira au Cameroun que tu te fâches pour un burger.* » Et moi de renchérir sur le même ton que je m'en foutais. Bref ! Cette discussion aussi rapide qu'elle fut me permit de ventiler et de me sentir mieux. Puis, elle me dit : « *Plus sérieusement, rentre à la maison. Même si tu le fais pas pour ton mari, fais-le au moins pour les garçons qui attendent de voir leur sœur.* » Et ce dernier argument réussit à me faire changer de décision. Et c'est ainsi que Lenah et moi rentrâmes à la maison.

***« Si vous vous mettez en colère, ne péchez point ; que le soleil ne se couche pas sur votre colère, et ne donnez pas accès au diable. »* (Ep26-27)**

Mon époux savait qu'un froid glacial s'était installé entre nous à la suite des incidents de l'hôpital. Il savait également, que je ne laisserais pas le silence régler les problèmes et que pour moi, les mésententes devaient être éclaircies avant qu'elles ne s'envenimassent, selon qu'il est écrit : « *si vous vous mettez en colère, ne péchez point ; que le soleil ne se couche point sur votre colère.* » Ep4,26

Pour mon époux, au contraire, il fallait laisser le temps au temps. Il pensait qu'avec le temps, les choses se replaçaient toujours. Grosse méprise! La légendaire différence entre le cerveau masculin et le cerveau féminin en action! Exactement comme cela est décrit dans «les *hommes viennent de Mars, les femmes viennent de Venus*» de John Gray.

Le soir même, je constatai avec horreur que mon époux dormait dans la chambre des garçons! Je n'en revenais pas mais je me refusai à toute conjecture. Et le scénario se reproduisit tous les soirs pendant une semaine. Pendant ce temps, j'étais seule avec le bébé, obligée de me lever plusieurs fois dans la nuit pour prendre soin de lui : l'allaiter, le changer, le bercer, etc. Et ce, malgré la douleur des plaies post-partum.

Je n'en revenais tout simplement pas. Moi qui me disais qu'enfin mon mari allait pouvoir être présent de bout en bout pour l'un de nos enfants et me prêter assistance pour que je puisse me reposer de ce dur labeur... Surtout que nous étions loin de la famille... Qu'est-ce qui se passait dans sa tête d'homme? Que croyait-il qu'il était en train de faire? Trouvait-il son attitude correcte? Autant de questions qui se bousculaient dans ma tête. Entre-temps, je devais garder le sourire pour les visiteurs et les nombreux parents qui nous appelaient de part et d'autre pour nous féliciter. Il constatait bien que l'atmosphère était de plus en plus délétère entre nous, mais il restait dans sa position : dormant dans la chambre des garçons et allant à son travail, tranquillement comme si de rien n'était. Et pour une fois, moi qui étais si prompte à crever l'abcès quand on avait un problème, je n'arrivais pas à faire le pas. Cela me dépassait. Ce fut donc ainsi jusqu'au huitième jour quand ma petite sœur m'appela des États-Unis, comme souvent, pour prendre des nouvelles. Je lui racontais combien j'étais fatiguée et elle me dit spontanément : «*mais ton mari peut prendre le relais. Pourquoi il ne prend pas quelques jours off pour que tu te reposes plus ?*» Ce fut comme si on me faisait une injection létale : la réaction fut immédiate et j'explosai. Je lui racontai enfin ce que je vivais dans mon couple depuis l'accouchement. Moi qui avais refusé pendant toutes ces années de m'ouvrir à ma famille sur les réalités de mon couple, pour ne pas exposer mon mari, je ne pus me retenir cette fois-ci. Elle en était tellement horrifiée qu'elle décida, *sans m'en aviser,* de parler avec lui.

C'est donc ma sœur qui me rapporta, après discussion avec mon époux, qu'il avait décidé de dormir dans la chambre des garçons pour éviter que je ne l'empêche de dormir paisiblement, l'ayant déjà accusé par le passé de ronfler. Puis, sachant ma propension à vouloir régler coûte que coûte nos problèmes une fois au lit, et avec les pleurs du bébé, il risquait de dormir peu alors qu'il avait «*des impératifs de rendements au travail*». D'où sa décision de dormir dans la chambre des garçons. Ce qu'il me confirma d'ailleurs quand je lui en touchai finalement un mot. J'en avais le souffle coupé ! À ce stade, j'étais complètement prise dans un tourbillon et mon dernier rempart restait le Seigneur. Je courus donc vers le Seigneur pour Lui demander de m'expliquer ce qui se passait et prendre Ses orientations.

Et c'est ainsi que je reçus Son fameux «*ça passe ou ça casse !*» qui me coupa définitivement le peu de souffle qui me restait.

Je vous épargnerai la souffrance, les pleurs, l'angoisse qui ont parsemé et fini de détruire ce qu'il restait de «*la plantation de l'Éternel pour servir à Sa gloire*». Cela m'a effectivement permis de comprendre, comme le Seigneur l'avait laissé entendre, que les fondations n'étaient malheureusement pas si solides que cela. J'ai compris à mon grand désarroi que, pour bâtir une Maison solide à la Gloire de l'Éternel (le mariage, la famille), il faut être deux. Dans mon cas, malheureusement, j'étais en fait seule dans la barque. Bien sûr, avec le Seigneur. Mais étais-je mariée avec le Seigneur ? N'est-ce pas qu'il faut être deux pour avoir un bon salaire de notre travail ? Une seule personne peut-elle faire le poids ? Est-ce ainsi que le Maître a pensé le mariage ? À toutes ces questions, il faut avoir la lucidité de répondre par «non». Évidemment !

Le Bilan de nos années de mariage

Je vous l'ai dit dans un précédent chapitre, je suis une personne très cartésienne. J'aime la réflexion. Alors, à froid, je faisais le point de notre couple, régulièrement. Je savais exactement ce qui ne fonctionnait pas dans mon couple, dans mon foyer.

Globalement, lorsque le drame de la séparation est survenu le 24 juin 2013 (jour de la Saint Jean-Baptiste au Québec) après plusieurs médiations non concluantes, il m'a été reproché d'en avoir trop fait, de n'avoir pas su dire non quand il le fallait, d'avoir été laxiste sur certaines situations. Je le reconnais et promets que la leçon a été bien apprise. D'où ce livre.

De fait, au moment de notre immigration, nous étions aux yeux de tous, une famille «*glorieuse*» : un beau couple, trois beaux garçons en santé, un excellent travail pour Madame, Monsieur toujours là pour sa famille... Tout semblait beau à l'extérieur. Et pourtant... Je savais exactement où se trouvait la brèche et j'essayais avec l'aide du Seigneur de la colmater encore et encore... en vain ! Le pire, c'est que j'avais « refusé » Son aide quelques années auparavant, à un moment critique ! Résultat : j'étais épuisée.

Mais malgré les nombreuses fissures dans notre barque qui prenait de plus en plus d'eaux, et même s'il m'arrivait de penser au divorce au Cameroun, je finissais par contrebalancer toute cette situation chaotique avec les promesses du Seigneur et Sa Fidélité au fil des ans. Alors, j'en arrivais à croire que le soleil finirait par briller à l'horizon et nous deviendrions effectivement *« une plantation de l'Éternel pour servir à Sa Gloire. »* (Es61,3)

Après tout, nous étions un modèle de couple et de famille pour tant de jeunes gens qui nous demandaient d'être leurs conseillers spirituels en vue de leurs préparations au mariage. Mon époux ayant un Appel d'Évangéliste, le nombre de nos « fils et filles » dans la foi ne cessait de croître et quiconque nous approchait était richement béni par la Grâce du Seigneur sur nos vies. Ça, c'était la vision panoramique de la plantation.

Vue de près, de l'intérieur, la réalité de notre foyer était toute autre. Je ne reviendrai pas sur tous les déboires que nous avions eus. Mais grosso modo, il est clair qu'au fur et à mesure que les années passaient, j'étais insatisfaite, rongée à l'intérieur, par ce mariage qui était censé **glorifier** le Seigneur et qui finalement s'avérait être à l'opposé. Quand il m'arrivait de faire le point de nos années de mariage, je ne voyais que deux choses : **la Fidélité de Dieu** et **les enfants** qu'Il nous avait donnés. Rien dont nous pourrions nous targuer, en tant qu'acteurs, d'avoir produit pour Dieu ! Je parle là de la multiplication de nos talents et dons au service du Maître, bien sûr.

Et pour couronner le tout, on assistait à une scène surréaliste dans laquelle un unijambiste, en l'occurrence moi, essayait de porter plusieurs autres personnes. Bref ! Ça ne fonctionnait tout simplement pas !

Alors, quand peu de temps après notre arrivée au Canada, une cinquième personne se rajouta dans les mêmes conditions, il fallut avoir le courage de dire enfin : *« stop ! Ça suffit ! Ça ne peut plus continuer ainsi. »* Et le plus drôle, et même si cela semble difficile à croire pour le commun des chrétiens, c'est que ce courage n'est pas venu de moi mais bien de Celui-là, même, qui a suscité cette plantation, le Réalisateur et Metteur en Scène de ce mariage, Lui-même !

D'autres ont aussi parlé de mauvais timing. Pour eux, même s'ils me concèdent volontiers que Dieu a certainement dit ces choses au sujet de notre mariage, son échec réside dans le fait qu'il a eu lieu trop tôt, que nous n'étions pas prêts : ce n'était tout bonnement pas le bon moment, selon eux. À ceux-là je demanderais de relire le chapitre sur *« l'offre du Roi »*. Le Seigneur Lui-même a magistralement orchestré tout ce qui a précédé le mariage, prouvant que c'était effectivement le bon timing !

Comme pour l'œuvre de la Création, pendant six jours, Il a travaillé. Puis nous a positionnés, comme Adam et Ève, dans le Jardin d'Éden en mettant tout dans nos mains pour que nous en jouissions et que nous dominions. Il avait magnifiquement fait les choses jusque dans les moindres détails et dans le bon timing. Si Adam et Ève ont mangé le fruit défendu, est-ce parce que Dieu les a positionnés trop tôt dans le jardin ? Le Seigneur aurait-Il manqué de jugement en leur donnant accès au jardin trop tôt ? Il est vrai qu'il est écrit : *«Ne jetez pas vos perles devant les pourceaux.»* (Mt7,6) Mais il est aussi écrit : *«Que personne ne méprise ta jeunesse...»* (1Ti4,12) ou encore, *«Ne méprisez pas les prophéties.»* (1Th5,20) Et dans notre cas, il y en a eu des tas qui corroboraient bien le fait que c'était le temps de l'accomplissement.

Non, il n'y a pas eu d'erreurs ni sur la personne ni de timing. Tout était *parfait* dans le plan de Dieu. Cependant, ce plan devait fonctionner si et seulement si les acteurs avaient tous joué convenablement et pleinement leurs rôles.

Mais voilà ! Les acteurs n'étaient pas à la hauteur. C'étaient nous les acteurs, c'était à nous de travailler à faire de ce vaste champ que le Seigneur nous confiait cette *«plantation de l'Éternel pour servir à sa gloire.»* (Es61,3) Et si nous n'y arrivions pas, ce n'était absolument pas de la faute du Maître pour l'avoir réalisé trop tôt mais bien la nôtre, à tous les deux, pour n'avoir pas su l'entretenir et la faire fructifier !

Pour ma part, loin de me jeter des fleurs, aujourd'hui je peux dire : «heureusement que la Grâce de Dieu a été disponible.» Car oui, des erreurs d'appréciation me sont imputables, dans le feu de l'action. Je les assume. Et même si j'avais la conviction d'avoir fait honnêtement ma part, on peut aussi se tromper honnêtement. Et, je le reconnais bien humblement.

Une nuit, alors qu'on était en plein dans le tumulte de la séparation, je me réveillai dans mon lit en larmes.

Je n'arrêtais pas de frapper mon matelas en répétant en boucles : «*Pourquoi j'ai mis tous mes œufs dans le même panier? Pourquoi j'ai mis tous mes œufs dans le même panier?*» Je m'en voulais terriblement. J'avais tellement cru en mon mariage, vu tout l'historique que je viens de vous relater, que je m'étais investie totalement, sans aucune réserve. Et voilà que je perdais tout désormais.

Ma propre famille ne pouvait se résoudre à croire mon témoignage de femme meurtrie, d'épouse blessée. Dans les premiers moments de la séparation, j'ai été comme Jean-Baptiste qui criait dans le désert jusqu'à en perdre littéralement la voix... pour essayer de me faire comprendre. Pour autant, mon cher papa eut une réaction différente et fort surprenante quand je l'informai de notre séparation, un mois après que mon époux eût quitté la maison : «*c'est quoi, il travaille maintenant?*» Cette question de mon père, lourde de sens, me laissa sans voix. Cela me permit de confirmer qu'il n'était pas dupe sur la situation de mon couple dès le départ. Et j'en fus d'autant plus attristée que mon cher papa nous quitta en août de cette même année-là, soit deux mois après notre séparation!

Quant à ma belle-famille, son choix était vite fait : soutenir leur fils et frère coûte que vaille. J'étais subitement devenue «l'étrangère» à abattre! L'une de mes belles-sœurs alla jusqu'à me dire : «*n'est-ce pas tu avais dit que Dieu t'avait dit? Maintenant tu vas où? Dieu ne t'a plus dit?*» Et ma belle-Mère, elle, se contenta de me demander de supporter la situation.

De tous, ma famille spirituelle, l'Église, fut la plus blessante. Et ce, autant au Canada, au Cameroun qu'en Côte d'Ivoire. Alors que je mettais un point d'honneur à continuer d'être présente dans ma communauté chrétienne bien que fragilisée par la situation, j'étais subitement devenue aux yeux de cette même communauté « l'indigne », celle par qui « le scandale arrive. » Une sœur en Christ de Drummondville dont j'étais particulièrement proche m'évitait même ouvertement : elle changeait de voie quand elle me voyait arriver. J'étais partagée entre rejets et critiques de la part de certains frères et sœurs, qui priaient pour que je sois délivrée du démon qui m'animait, et la pression que me mettaient certains hommes de Dieu pour que je fasse profil bas auprès de mon époux « *afin de recoller les morceaux* », car disaient-ils « le divorce, n'est pas de Dieu. » Ce qui est d'ailleurs vrai. Je leur reproche juste d'avoir voulu appliquer une solution *standard* à notre situation qui, elle, était bien particulière. Il suffisait juste d'être à l'écoute du Saint-Esprit pour s'en rendre compte.

Et, pour enfoncer le clou, mon très cher Père Mazenod, de passage au Canada et mis au courant, m'appela pour prendre des nouvelles, après tant d'années… Il me demanda dans un souffle : « *Mais Martine, comment cela a-t-il pu t'arriver, toi, une jeune femme si brillante et si intelligente ?* »

Je ne pus que lui répondre platement : « *C'est la preuve que cela peut arriver même aux meilleurs d'entre nous.* » Tandis qu'au même moment, les larmes me brûlaient les yeux et que j'étais envahie par un sentiment d'impuissance et de honte…

Alors, oui, le plus dur a été de me faire entendre. Aussi bien auprès de ma famille biologique que spirituelle, et même de mes amis. En somme, tous ceux qui nous ont connus dans les temps de « gloire ». Je peux les comprendre, ils voyaient tellement la Gloire de Dieu sur notre famille que cela leur apparaissait comme un gâchis. Le pire, c'est que pour moi également ça l'était. Et comment?

Mais la plus grosse pression est venue, assurément, des hommes de Dieu. Ils refusaient dans leur grande majorité de comprendre la complexité et l'unicité de notre cas, obnubilés qu'ils étaient par le désir de sauver les apparences! Toutefois, même si la situation était difficile à vivre, je les comprenais dans un certain sens : aucun homme de Dieu n'a envie d'endosser l'approbation d'un divorce.

Fort heureusement, quelques rares éclairés avaient pu cerner la profondeur de ce qui se passait et même discerner la Main du Très-Haut dans ce divorce. Merci Seigneur pour ces serviteurs-là!

CHAPITRE 15 :

« Et si Dieu voulait que tu divorces ? »

Parmi ces serviteurs éclairés, je voudrais rendre hommage à un homme de Dieu courageux qui a eu le cran de dire l'impensable ! (Souffrez que je ne le nomme pas ici par souci de discrétion. Il se reconnaîtra sûrement en lisant ces lignes.)

« Martine, et si Dieu voulait que tu divorces ? »

En effet, cette phrase m'a été dite un an après notre séparation, au moment où j'étais en plein doute sur la pertinence de la séparation elle-même. En clair, j'étais rongée par la culpabilité et je me disais qu'après un an, chacun de nous avait sûrement eu suffisamment de temps pour constater tout ce qui n'allait pas de son côté, de calmer le jeu et revenir à de meilleurs sentiments. De ce fait, il était temps de renouer le contact et rebâtir la maison.

Lorsque j'en eus parlé à cet oint de l'Éternel pour qui j'ai beaucoup de respect, il me dit que ce n'était pas le moment et qu'il me fallait être patiente. Et comme je ne semblais pas l'entendre de cette oreille, il avait lâché cette bombe : « **Martine, et si le Seigneur voulait que tu divorces ?** » Je croyais ne pas avoir bien entendu : « Quoi ??? ! », lui criai-je au téléphone. Et lui de reprendre calmement : « Je dis : et si Dieu voulait que tu divorces ? Peut-être qu'Il pourra vous faire la grâce de vous remarier un jour. Mais pour l'instant, et s'Il voulait que tu divorces?» Je restai bouche-bée : je n'avais encore jamais envisagé sérieusement cette éventualité. Et surtout, je n'avais encore jamais entendu un homme de Dieu dire pareille chose.

En fait, depuis le début de tout ce tumulte, et malgré le «ça passe ou ça casse» du Seigneur, j'étais convaincue qu'on allait juste faire une pause pour faire le point chacun de son côté, tirer les leçons, rebâtir les bonnes fondations de notre foyer et prendre un nouveau départ. Je croyais sincèrement que nous allions finir par nous réconcilier. Jamais, au grand jamais, je n'avais imaginé que la séparation aboutirait effectivement sur un *divorce*. Enfin, pour moi, le «*ça passe*» allait forcément prendre l'ascendance sur «*ça casse*». Donc oui, j'étais interloquée, je n'en revenais tout simplement pas. Je me souviens avoir prétexté une occupation pour mettre brusquement fin à la conversation. J'étais fortement irritée après cet échange téléphonique. Mais comment pouvait-il raisonnablement me dire une telle chose?! ***Dieu veut que je divorce?*** Je ne pouvais même pas l'imaginer, même dans mon pire cauchemar...

C'était quand même choquant d'entendre cela : «*Et si Dieu voulait que TU DIVORCES?*» Mais voyons! Ce n'est aucunement le plan ni la volonté de Dieu que nous divorcions! Et la Bible était très claire au sujet du divorce. (Mt19,7-8) Alors, ça ne pouvait pas être la volonté du Seigneur, surtout après S'être autant investi personnellement dans ce mariage. Mais...

Justement, on parle là de notre Père Céleste, l'Alpha et l'Omega, le début et la fin de toutes choses, l'Omniscient et l'Omnipotent : le Dieu qui sait tout et qui peut tout. Celui qui fait et qui défait, Celui qui nous aime plus que personne, qui veut notre bonheur plus que nous-mêmes... Et quand ce grand Dieu dit : «*ça passe ou ça casse*», je crois que la Sagesse, au-delà de la raison, voudrait qu'on L'écoute...

Et la «*petite voix*» en moi de renchérir : *le même Dieu qui a ordonné au prophète* Ézéchiel *de quitter sa fiancée et qui a fini par* ôter *la vie de cette fiancée après leur mariage pour obliger son serviteur à Lui obéir!* (Ez24,15-18) Oups!

Quoi qu'il en soit, je n'étais pas prête à l'entendre de cette oreille.

Je résolus donc de faire ce que je croyais logique et normal : entreprendre une démarche de réconciliation avec mon mari. C'est ce que je fis en Été 2014, après un an de séparation. Et, à la surprise générale... cela marcha! Tout le monde était étonné et en même temps heureux de nous revoir ensemble. Et surtout, les enfants étaient aux anges! Malheureusement, cela ne dura que le temps de l'Été. Et ce, pour plusieurs raisons que je me garderai bien d'énumérer ici, car cette pseudo-réconciliation ne fit que démontrer combien la gangrène s'était déjà répandue dans tout le fruit et la puanteur à un stade trop avancé pour qu'il (le fruit) pût être sauvé!

Un autre Pasteur, le Pasteur J. B. de l'Église où nous persévérions depuis notre arrivée à Drummondville, au Canada, et qui avait été alerté dès les premières heures de l'orage, avait discerné lui aussi qu'il y avait malheureusement peu d'espoir... du moins si les choses demeuraient telles. Or elles n'étaient pas près de changer et empiraient même. Il avait d'ailleurs eu le courage de dire la vérité à mon époux sur ses obligations selon la Parole de Dieu (1Ti5,8) et cela avait été très mal accueilli par ce dernier.

Alors oui. Ç'a été dur pour moi également d'accepter que Dieu voulût que je divorce. Mais la suite des événements a fini par convaincre les plus endurcis, moi, en premier. À tel point que la plupart des pasteurs qui s'étaient engagés à restaurer ce mariage coûte que vaille, étaient finalement pressés que j'en sois libérée, après la brève réconciliation de l'Été 2014.

Mais le Seigneur est toujours cohérent dans Ses actions. Il n'est jamais trop à l'avance ni trop en retard. Et ce n'est qu'après huit ans de procédures abracadabrantes que j'ai enfin pu obtenir le divorce légal ce 19 mars 2021. Les plus avertis noteront avec intérêt que notre mariage a tenu huit ans. De même, entre le jour de notre séparation jusqu'au divorce effectif, il s'est écoulé un cycle, une saison, bref, encore huit ans! Et ce n'est évidemment pas sans importance. Le divorce spirituel, lui, avait été opéré depuis mai 2015, soit deux ans après la séparation, lorsque le Seigneur m'avait mis sous un *jeûne de purification* sans vraiment me dire pourquoi.

Aujourd'hui, je peux enfin le dire avec assurance et avec joie : *«oui! Je suis DIVORCÉE et c'est pour SA GLOIRE!»*

CHAPITRE 16 :

TOUT pour Sa Gloire !

«Soit que vous mangiez, soit que vous buviez, soit que vous fassiez quelque chose autre, faites tout pour la gloire de Dieu.» **(1Cor10,31)**

Ce qu'il faut comprendre quand on se marie dans le Seigneur et qu'on L'invite à être le Maître de notre foyer, c'est que notre foyer ne nous appartient plus. Nous sommes désormais en mission pour le Maître. Et là, je m'adresse fondamentalement à tous ceux et celles qui ont demandé au Seigneur d'être au cœur de leur mariage, comme ce fut mon cas. Je l'ai dit plus haut, depuis mon adolescence, j'ai fait le vœu au Seigneur de Le servir avec mon époux. Et pour moi, en tant que fille du Très-Haut, me marier sur *«l'offre du Roi»* était un véritable accomplissement. C'était beaucoup plus important que d'épouser un multimilliardaire, en fait. J'étais véritablement comblée de savoir que je n'en avais pas fait qu'à ma tête et que j'avais obéi au Seigneur en épousant celui que Lui-même avait choisi pour moi. Comme il est écrit : *«l'obéissance vaut mieux que les sacrifices.»* (1Sa15,22)

Pour moi, ça cadrait parfaitement bien. Et je me disais : *«J'ai pris mon ticket pour la vie avec mon époux et mon Seigneur est dans ma barque alors tout va bien.»* Pour moi, je m'étais accordé une assurance «tous risques» dans mon mariage, j'étais une privilégiée.

Alors quand, malgré tout ce garde-fou divin, on se réveille un matin et qu'on constate qu'on n'a pas fait mieux que les «*autres*», que d'ailleurs eux ont fait même mieux que nous, ça fait très mal.

Mais, paradoxalement, c'est précisément parce qu'on a le sentiment d'avoir obéi au Seigneur qu'on peut être assuré qu'Il défendra notre cause et qu'Il ne «*prendra point de repos jusqu'à ce que notre salut paraisse comme l'aurore et notre délivrance comme un flambeau qui s'allume.*» (Es61,1)

C'est un peu comme si le Seigneur nous en devait une et qu'on était en droit de nous attendre à un juste retour de Sa part.

Comme je me plais à le dire souvent : «Heureuse es-tu si le Seigneur Tout-Puissant t'est redevable!» Et c'est là que se trouvait mon lot de consolation.

Un peu mince dans un tel chaos, certes, mais tout de même un lot de consolation qui valait tout son pesant d'or. Et c'était bien le cas de le dire.

Et, comme j'aime à le dire également, le Seigneur a trop investi en moi pour que ma vie ne le glorifie pas en fin de compte! Il mérite que ma vie soit «*une plantation de l'Éternel pour servir à Sa Gloire*» (Es61,3), que cela se fasse en solo ou accompagnée. Justement, il n'y a qu'à voir les nombreux témoignages élogieux qui émanent de frères et sœurs, d'inconnus et même de serviteurs de Dieu, à propos de ce que le Seigneur a fait dans la vie des enfants et moi, ces dernières huit années pour l'attester. Je revois encore l'émerveillement et les nombreux commentaires reçus des internautes à la suite de ma graduation au Bachelor avec mention «cum laude[5]», obtenue à l'université d'Ottawa en 2017. C'était d'autant

[5] «cum laude» : avec louange

plus important pour moi que je voulais communiquer aux enfants le goût de l'effort et la Fidélité de Dieu dans nos vies. Et je Lui en ai donné toute la Gloire, bien sûr.

Alors, je suis infiniment reconnaissante au Seigneur d'avoir mis le holà à ce mariage avant qu'il ne soit trop tard. Je Lui dis merci de m'avoir donné Son go pour un nouveau départ. Son désormais légendaire *«ça passe ou ça casse»* était, certes, douloureux, voire effrayant, mais c'était un mal nécessaire. Voilà la vérité crue et elle doit être assumée dignement. Car grâce à cette alarme j'ai pu dire courageusement à mon âme : *«Pourquoi t'abats-tu mon âme et gémis-tu au-dedans de moi? Espère en Dieu car je le louerai encore. Il est mon salut et mon Dieu.»* (Ps42,5) Et cela m'a sauvé.

Oui! Dire «stop!» a été l'effort ultime pour avoir encore l'opportunité de *glorifier* mon Dieu sur la terre des vivants! Alléluia!

Si j'ai pu recommencer à briller de mille feux, retourner aux études avec quatre jeunes enfants entièrement à ma charge et ressortir avec distinction, trouver un travail au gouvernement… tout ça, si loin de ma famille biologique, c'est bien parce qu'Il était *en tout temps* avec moi. Il m'a fortifiée quand mes forces me lâchaient, Il m'a portée quand le fardeau devenait trop lourd. «*Sa Fidélité [a été pour moi] un bouclier et une cuirasse*» (Ps91,4) à toute épreuve, me faisant pleinement prendre conscience que j'ai «*du prix à Ses yeux et qu'Il m'aime*». (Es43,4) Parce qu'Il m'a confié la responsabilité parentale de ces quatre vases d'or, Il a quadruplé Sa Grâce et Sa Faveur envers moi. Et je Lui en suis infiniment reconnaissante. Quiconque me voit aujourd'hui, huit ans après être sortie de ce mariage chaotique peut reconnaître que le Seigneur a été bon pour moi et comprendre que je puisse crier : «*Ébénezer ! Jusqu'ici l'Éternel nous a secourus.*» (1Sa7,12)

Eh oui ! Malgré tout ce chaos apparent (divorce, absence paternelle et manque de soutien financier aux enfants, etc.), je peux affirmer haut et fort que nous n'avons **jamais** manqué de la Fidélité de Dieu, notre cher Papa Céleste. Comme Il a promis dans Ésaïe 43, 2 : «*si tu marches dans le feu, tu ne te brûleras pas et la flamme ne t'embrasera pas.*» ou encore «*ne t'ai-je pas donné cet ordre : Fortifie-toi et prends courage ? Ne t'effraie point et ne t'épouvante point, car l'Éternel, ton Dieu est avec toi dans tout ce que tu entreprendras.*» (Jos1,9)

Il a su compenser les absences, les manques et les pertes sur tous les plans. Ce n'est pas en vain qu'Il m'avait accordé *l'autorité parentale sur les enfants,* bien avant même que les événements ne survinssent. Il a juste jugé bon de me retirer d'un parcours sans gloire pour me positionner là où je pourrai continuer à scintiller pour SA Gloire. C'est dans ce chaos apparent qu'Il a fait de moi «Victoire» !

Oui ! Je le comprends mieux maintenant.

Et je crois profondément qu'Il n'en a pas fini avec *Sa plantation* que nous sommes, malgré l'incongruité de ma position de chef dans cette famille monoparentale. Un rôle que je n'aurais jamais imaginé assumer, même dans mes cauchemars les plus horribles. Mais le plan de Dieu est parfait.

Comme l'a si bien décrit Son serviteur, le Pasteur américain Roland Buck dans son livre intitulé «les Anges en mission» :

« L'une des choses les plus impressionnantes que l'ange Gabriel me dit est que Dieu a toujours un plan pour préserver les arrières. Dieu dit que Son plan sera accompli même s'Il doit faire appel à quelqu'un d'autre pour le réaliser ou bien Il le fera lui-même ! (...)

Le plan de Dieu s'accomplira et apportera la délivrance par une autre source si cela est nécessaire. Il n'échouera pas !

Dieu m'a fait savoir que les évènements arrêtés par Lui : DOIVENT ARRIVER !

Lorsqu'Il l'a décidé, une force irrésistible que rien ne peut arrêter est mise en action : CELA DOIT ARRIVER !

Les gens que Dieu inclut dans Son plan en vue de son accomplissement n'y sont pas associés de façon irréversible, à moins qu'ils ne le veuillent.

Dieu a prédestiné l'événement, pas la personne. Il dit : « Si vous joignez les mains avec Moi, il y aura de la joie et du bonheur dans cela. Je vous ai prédestinés afin que vous soyez partenaires avec Moi dans ces grandes choses que Je vais faire, mais Je ne vous y contraindrais pas ».

Et c'est exactement ce qui s'est produit dans mon cas. ALLELUIA ! Désormais, par la Foi, je suis devenue *Victoire* : prête à continuer d'avancer allègrement vers les cimes des montagnes et briller tout haut dans le ciel pour la seule Gloire de mon « p'tit » Papa Céleste chéri ! ALLÉLUIA !

CONCLUSION :

« Tout concourt au bien... »

***« Nous savons du reste que toutes choses concourent au bien de ceux qui aiment Dieu, de ceux qui sont appelés selon son dessein. »* (Rom8,28)**

Au terme de ce récit, j'espère mon frère, ma sœur, que mes écrits t'ont permis de voir un peu mieux dans ce fouillis que tu traverses en ce moment dans ton propre mariage, comme une réponse du Seigneur à tes soupirs.

Et pour toi qui aspires au mariage, j'espère que ce livre te servira de guide pour orienter tes prières dans la quête de ta moitié et ajuster ton attitude dans ton mariage.

N'oublie pas ceci :

Dieu veut que nous **demeurions** en Lui jusqu'à la fin de notre Mission sur terre... avec ou sans mariage. Il veut également que nous portions du fruit pour la seule Gloire de Son nom. Le Salut étant personnel, tu seras jugé(e) seul(e) à la fin de ton parcours terrestre. Tu ne pourras pas justifier ton échec par un accusateur : « *C'est le mari ou la femme que tu m'as donné* » (Ge3,12) lorsqu'Il te demandera : « *Qu'as-tu fait des talents que je t'ai donnés, de la Mission que je t'ai confiée ?* » (Mt25,14-30)

Ce n'est pas en vain qu'il est écrit : « *Si ton œil droit est pour toi une occasion de chute, arrache-le et jette-le loin de toi ; car il est avantageux pour toi qu'un seul de tes membres périsse, et que ton corps entier ne soit pas jeté dans la géhenne* » (Mt5,29)

Bien sûr, ce n'est pas là une clé passe-partout pour le divorce. Mais c'est ta responsabilité de te rassurer que ton mariage contribue à accomplir ta Mission de vie, et non à t'éjecter hors du but et t'enliser dans le péché.

C'est ta responsabilité d'y veiller afin de ne pas être disqualifié(e) après avoir prêché à tant d'autres, mû(e) par un m'as-tu-vu hypocrite et stérile ! (1Cor9,27)

C'est ta responsabilité de savoir que ton histoire avec le Seigneur est unique. Ce n'est pas l'histoire de ton compagnon de vie ou de ta compagne de vie. Il te demandera des comptes sur la gestion de cette histoire par rapport à ce qu'Il attend de toi.

Il est clair que les histoires de couple ne se ressemblent pas et que le Maître ne demande pas à tout le monde de divorcer non plus. En ce sens, encore une fois, ce livre n'est pas un appel au divorce à tout va : la famille étant précieuse aux yeux du Seigneur, le mariage est sacré et mérite que l'on mette tout en œuvre pour le sauver.

Mais si tu es convaincu(e) que tu as toujours marché dans l'obéissance de Sa Parole, quitte à te mettre à dos le monde, ta famille biologique et ton Église locale, si tu es convaincu(e) d'avoir fait tout ce qu'il fallait et que, malgré cela, année après année, la «*plantation de l'Éternel pour servir à sa Gloire*» porte peu de bons fruits pour le Maître, pose-toi la bonne question : «Qu'est-ce qui est important ?» Rester marié(e) pour satisfaire ton ego, la société, la famille, les enfants, l'Église ou essayer de te réajuster pour reprendre ta place parmi les ouvriers du Seigneur qui portent du fruit pour Sa Gloire et recevoir la couronne de vie quand viendra la fin de ta Mission terrestre ?

Car, en définitive, ce qui importe pour le Maître c'est que nous portions de **bons fruits pour Sa Gloire** : «*que votre lumière luise ainsi devant les hommes, afin qu'ils voient vos bonnes œuvres, et qu'ils GLORIFIENT votre Père qui est dans les cieux.*» (Mt5,16)

Ainsi, tandis que j'étais subitement devenue aux yeux de tous, y compris de l'Église et même à mes propres yeux, un échec, une *faible*, le Seigneur m'a rappelé que c'est dans ma faiblesse que Sa puissance se manifeste pleinement. Il m'a rappelé au milieu de la tempête que : « [*Sa*] *Grâce* [*me*] *suffit car* [*Sa*] *puissance s'accomplit dans la faiblesse.*» (2Cor12,9a)

Alors comme Paul, «*je me glorifierai bien plus volontiers de [cette] faiblesse, afin que la puissance de Christ repose sur moi.*» (2Cor12,9b) Mais bien plus encore, je Le laisserai se servir de cette faiblesse pour *Se* glorifier afin que «*ma joie soit parfaite.*» (Jn15,11)

En définitive, ma prière inspirée au début de cette épreuve «*Seigneur fortifie-moi*» a été exaucée au-delà de mes attentes. Oui, c'est avec joie que je réalise aujourd'hui que, comme Pierre, j'ai répondu à cet appel avec mes faiblesses, sans tricher, ayant bu la coupe jusqu'à la lie.

Et je fais maintenant mien ce cantique de Ron Kenoly :

«Et même si je ne suis rien, sers-toi de moi…
Emmène-moi ô prends ma vie,
Touche mon cœur mon esprit,
Et même si je ne suis rien, sers-toi de moi.»

Alors ma sœur, mon frère, si ton mariage, le mariage dont Il a été Lui-même l'instigateur ne contribue pas à Le glorifier, sois-en sûr(e), Il descendra Lui-même pour remettre les pendules à l'heure, quitte à remplacer l'élément défaillant, quitte à te rendre «*faible*» aux yeux du monde, afin de continuer de Se Glorifier dans ta faiblesse. Et si cela doit passer par un **divorce**, cela le sera.

Et, je le répète à dessein : si tu as bien fait tes devoirs, si le Seigneur est dans ton affaire et que, malgré tout, les choses tournent en ta défaveur parce que «*l'offre du Roi*» se révèle être un ou une Nabal, (1Sa25), alors, sache-le, le Seigneur Lui-même «*t'émondera*», Il coupera les branches mortes, inutiles et parasites qui t'empêchent de croître majestueusement, selon qu'il est écrit : «*tout sarment qui est en moi et qui ne porte pas de fruit, il le retranche. Tout sarment qui porte du fruit, il l'émonde afin qu'il porte encore plus de fruits.*» (Jn15,2)

Il interviendra pour mettre fin à ton supplice et te repositionner sur le chemin de ta destinée par un plan B savamment orchestré : ta rencontre avec un David qui saura essuyer tes larmes et t'aider à accomplir ta Mission de vie, comme cela a été le cas d'Abigaïl.

Pour finir, encore une fois, ma prière à travers ce livre, c'est :

• Que le Seigneur restaure les mariages brisés qui peuvent encore Le glorifier (comme Il a voulu le faire pour moi lors de «la visite de l'inconnu»)

• Qu'Il sorte Ses fils et Ses filles des relations qui ne Le glorifient pas ou plus, afin de leur offrir l'opportunité de continuer à Le glorifier encore sur cette terre des vivants (comme Il a fini par le faire pour moi), que ce soit en couple ou seul(e).

Sois en sûr(e), mon frère, ma sœur, comme pour Bartimée, Le Maître a entendu tes cris, tes pleurs, tes soupirs et Il t'appelle.

Et toi, sauras-tu discerner Sa voix, au milieu des pleurs et des lamentations? Sauras-tu Le reconnaître quand Il viendra te visiter?

«Prends COURAGE! Lève-toi, [le Maître t'a entendu et] Il t'appelle»! (Mc10,49)

Demeure abondamment béni(e) et fortifié(e) pendant que tu fléchis les genoux pour ton mariage et que tu te lèves courageusement pour l'émonder pour Sa Gloire, avec le concours de Sa Grâce!